◎クリティーク 多文化、異文化

Critiquing "Multicultural" and "Intercultural"

——文化の捉え方を超克する

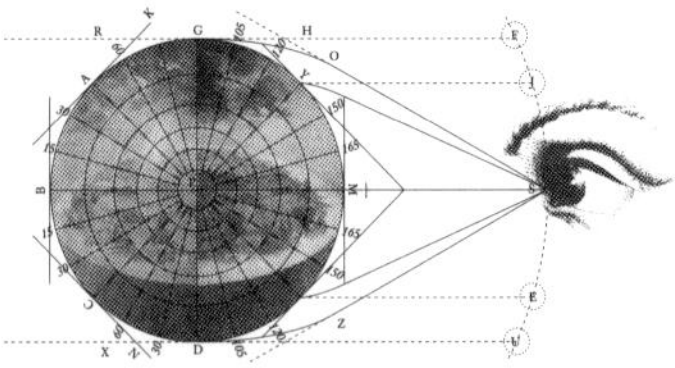

馬渕 仁【著】

東信堂

はじめに

「すべての文化に優劣はない」と言われて、否定する人は少ないかも知れない。しかし、「他者の文化を尊重するためには、あなたの文化も変えなさい」と言われたら、簡単に受け入れられるだろうか。乱暴に言えば、「異文化理解を深め、多文化共生を目指す」とは、そのような覚悟の問われる課題でもある。本書はそこに踏み込もうとしている。

近年、国内では「多文化共生」という言葉が急速に広まり、さまざまな政策、プログラムや運動が展開されている。「日本は、移民を受け入れる多文化社会に変わらなければならない」、「多文化共生社会を構築することが、これからの大きな課題になる」といった論調が巷に登場して久しい。本書が主に扱う教育の現場においても、さまざまな段階で、日本と異なる文化に触れ、それを学ぼうとする「多文化教育」が認知されつつある。

しかし、当然、そうした考え方や動向に抵抗感を示す人もいるだろう。実際に行なわれているプログラムや教育の実態を把握する必要もある。「多文化」という言葉の使用頻度に比して、日本が多文化を受け入れる社会になってきたとは言い難い。例えば一九九〇年代と比べて、「多文化」という言葉がより使われるようになった今世紀の方が、外国人が日本に居住することに柔軟になったかといえば、そうでもない。多くの日系人が南米諸国へ逆戻りせざるを得ない近年の実態は、それを如実に表わしている。学校でも、地域に住むブラジルや中国の人たちを招いて実施する「国際理解プログラム」などは、「ファッション、フード、フェスティバル」に特化した3Fアプローチなどと呼ばれ、そのとき限りの一過性のものに過ぎないとの批判に応えられないまま、他の学校プログラムに埋没しつつある。ちょうど、万博のような博覧会に出かけ、「多くの文化を見て味わった」、それだけの刹那的ともいえる体験に止まってしまう危うさである。それを脱却しようという試みもみられるが、なかなか成果をあげにくい。

もともと、日本国内では、「多文化」という言葉や概念はあまり定着しなかった。前世紀終わり頃までは、どちらかといえば英語圏諸国の「多文化主義」を紹介したり論じたりすることが多かったという実情がある。それが、「多文化」に「共生」という規範的な意味合いをもつ言葉が付せられた頃から、国内でも急速に「多文化」が論じ始められたのである。一方、今日の英語圏では、さまざまな試行錯誤の末、「多文化主義」の見直し論が活発である。荒っぽい言い方をすれば、本家ではある意味で議論が一巡し、再考を迫られる時期にきて、日本では、さも新しい事柄のように「多文化」が論じられているとも言えるのである。

こうした背景を踏まえ、本書では「多文化」を批判的に考察する。基礎となった「多文化主義」とは、いったいどういうものなのか。それを、日本の論者はどのように理解し、分析してきたのか。そして、多文化社会構築の点からは、先進国とみなされる海外での試行錯誤から見えてくるものについて分析を試みた。そこから、理念的、規範的な意味合いが前提となった「多文化共生」に欠けているものが浮かび上がり、次のステップへの糸口を模索しようとすることが、本書の目論見である。

一方、「異文化理解」については、すでに国内で一九八〇年代から多くの議論と試みが続けられている。「異文化」という言葉や概念が、その捉えられ方についての検討は別として、さまざまな分野で浸透していることに異論はないだろう。「それは異文化の問題だ」、さらには「異文化を感じてしまう」などのフレーズが、日常でも耳に入ってくる。

しかし、そこで言われる「異文化」とはいったい何なのだろう、なぜ「他者との違い」を「文化の違い」の問題として捉えるのだろうか、という「問い」が生じる。例を挙げて考えてみよう。海外へ出かける人は駐在者から旅行者、語学研修の学生まで、ますます多様化の度を増している。そのような中、カルチャー・ショックが話題になることが多い。他国の文化になじめず、深刻になると不適応を起こすと言われる現象である。だが、少し考えればわかることだが、国境を越えて移動する人がすべてカルチャー・ショックに陥るわけではない。「国による文化の違い」をどう感じるか、またどれくらい重要に捉えるかは、それぞれの背景によってかなり異なってくる。さらに言えば、何か問題が生じた場合、その原因が文化の違いによるのか、他の要因によるものなのかは、一様には断定できない。同じ条件で留学したグループの中で差異が観察されれば、「異文化」の問題とは別の要因が考えられる可能性も十分にあるのである。それにもかかわらず、多様な事象をひとからげに「文化の違い」のみで理解しようとする傾向は跡を絶たない。学校で実施される「海外体験プログラム」でも、「異文化に触れる」ことが最重要課題か大前提のように謳われることが多いのである。

「異人」「異国」という言葉が存在していた日本国内に、「異文化」という言葉と概念が広まり始めたのは、「異文化間教育学会」が設立された一九八〇年代の初め頃である。しかし、英語では「クロスカルチュラル」や「インターカルチュラル」と呼ばれ、「異」=「異なる」の接頭語は用いられない。

こうしたことを踏まえ、本書では「異文化」に対してもクリティークを試みたい。この30年余り、「異文化理解」=「違いを違いとして認め、理解し合おう」という規範を前提に、「では、どうすればよいか」という、これも極論すればハウツー式の議論がさまざまに形を変えて量産されてきた。しかし、それで状況は変化したか？　仮に「異文化理解」を括弧つきでそのまま受け入れたとしても、実際の「理解」は深まったのだろうか？　その問いに、躊躇なくイエスと答えられる人は少ないと筆者は思う。では、何が問題なのだろうか。前著『「異文化理解」のディスコース』以来の議論を、さらに具体的に示してみたいというのが本書第２部のねらいである。

第１部と第２部で取り上げた課題の根底には、実は「文化本質主義」をめぐる問題が横たわっている。文化本質主義とは、「各々の文化は、その文化を表わす純正な要素をもっており、他の文化との間には何らかの明確な境界をもっている」と捉える静態的な文化観である。「アメリカ文化と日本文化と中国文化、この三者の異同を考えよう」などという検討は、ともすれば文化本質主義に彩られた議論に終始する場合が多い。

本書では、「多文化主義」や「異文化理解」について批判的に議論を展開した後、「では、いったいどうしたらこの問題にアプローチできるのか」という具体的な提言を、この文化本質主義を検討することによって試み、最終章では、これらの課題に対して筆者なりの現時点での考えをまとめてみた。多文化主義やアイデンティティの問題に、どうすれば活路を見出せるのか、読者とともに考えることができれば望外の喜びに思っている。

本書は次のように構成されている。

第1部は、「多文化社会」と「多文化主義」についての分析である。第1章では、多文化主義を考察する上での基本的な枠組について確認する。その上に立って、第2章では、国内の研究者が「多文化主義」をどう捉えてきたかをレビューしている。そこでは「多文化」に対する研究者の眼差しと共に、多様に語られる「多文化」の様態が明らかになってくる。第3章では、「多文化主義」に基づく現実の有様として、オーストラリアの多文化教育に見られる試行錯誤の実態を考察している。これらの論考を通じて、「多文化化」が進んでいく社会の中で、私たちがどう応答しようとしているか、「多文化」をめぐる葛藤の軌跡を振り返ってみたいと考えたのである。

第2部は、先に述べた「異文化理解」が陥ってしまう問題点の考察である。それを日本という文脈で、二つの面から考えてみることにした。第4章は、英語教育という語学修得の場における「異文化理解」の実態の分析であり、第5章は、「異文化理解」と一対のものとして語られることの多い、「自文化理解」としての「日本人論」にみられる問題点を取り上げた。第6章は、以上の根底にある文化本質主義の問題についてであり、第3部の議論への橋渡しともなっている。

筆者は本書で、自らが立たされた場所で試みてきた「どうすれば文化本質主義から解き放たれるのか」という試行錯誤を提示してみた。本質主義との葛藤は、往々にして「個々の文脈でしか意味をもたない」（本文一八二頁）ことがあると考えるからである。第7章では自らが教える場で、また第8章では研究の場で、どのような立ち位置からこの問題にかかわろうとしてきたかを率直に著した。最後の第9章と共に、広く批判を仰ぎながら、さらに考察を深めたいと考えている。

本書は、これまでに関係諸学会のジャーナル等に掲載され、議論を重ねてきた論考を、研究者のみならず実際に現場で問題に携わる関係者、また大学の学部から大学院レベルでこうした問題に関心の深い学生を念頭に、一定の問題意識のもとに編集し、手を加えたものである。論考の中には少し前に書いたものもある。また、文脈によっては、該当する政権が変わったり、状況が変化したりしている場合もある。しかし筆者は、本書で取り上げた議論は今も有効であると考えている。それは一つには、本書の前半の「多様性」と「統一性」をめぐる議論が、ときによってどちらかに針が傾くことはあっても、議論の枠組そのものは変化していないことにもよるし、さらに、「文化本質主義」をめぐる議論は、その重要の度をますます増しており、減じているなどとは決して言えないからである。より一層活発な議論が交わされるためにも、読者からの忌憚のない批判を、ぜひお願いしたい。

目　次

クリティーク　多文化、異文化

——文化の捉え方を超克する

第1部　多文化主義の葛藤

第1章　多文化主義とその課題

はじめに

「多文化主義」については、前世紀の終わりごろから、その見直しを求める議論が目につくようになってきた。本書が主な対象とする英語圏諸国について眺めてみても、「抜本的な批判、再構築が求められている」という声から、「多文化主義とは、ほとんど何もしなかったことと同義である」といった論調に至るまで[1]、さまざまな批判が見受けられる。その一方で、英語圏諸国で推し進められてきた「多文化主義」に基づく理念と運動が、国内における近年の「多文化共生」論や活動に大きな影響を与えてきたことも事実である。では、一体「多文化主義」のどこに問題があるのだろうか。

本章では、まずこれまでの「多文化主義」に関する議論を整理し、続いてそこに含まれる課題について批判的に検討して、本章に続く考察の枠組を提示したい。

1. 議論に入る前に

「多文化主義」をめぐる活発な議論について考察する前に、ぜひとも確認しておかねばならない事項がある。

その第一は、「多文化主義」と「多文化な社会（あるいは状態）」とは区別して考える必要があるということである。例えばオーストラリアの状況について、同国を代表する多文化教育の推進者ビアンコはかつて次のように語った。「『多文化』は、二つの側面から捉えなければならない。状況としての多文化と、理念としての多文化である。状況としての多文化に関しては、オーストラリアは明らかに多文化社会であるし、程度の差こそあれ、現在は世界中が多文化社会だ。一方、理念や政策としての多文化に関して、すなわち「多文化主義」に関しては、それを嫌う立場、限定つきで認める立場、そしてより積極的に推進する立場など多様な考え方が存在する」（馬渕 2006a：91）。このように、「多文化主義」について論じる際には、状況や現実としての多文化と、理念や主義としての多文化を峻別することが大切である[2]。日本で積極的に発言を続ける西川（2006：147）も、国内では多文化主義について論じる場合、理念ばかりが強調される傾向があったことに警告を発し、理念の先走りを用心して、むしろ現実の状況の中からその可能性を見出すように心がける必要があることを説いている。

確認すべき事柄の第二は、多文化主義の多様性に関してである。多文化主義という言葉は、言うまでもなく英語のマルチカルチュラリズムから生まれた。そして日本国内では、欧米諸国がその先駆的な試みを営んできたという枠組で、この問題が取り上げられることが多い。しかし、同じ欧米諸国であっても、ドイツでは「多文化」という言葉より「文化間」の方がよく用いられるし、フランスでは多文化主義より、統合あるいは同化主義的なアプローチを採用してきた経緯がある。近年、トッド（Todd 1994=1999）やセンプリーニ（Semprini 1997=2003）らの多文化主義に批判的な著作が日本でも紹介され、日本人の研究者においても、池田（2001）や三浦（2001）などが、英語圏の多文化主義の流れとはかなり異なるフランスの現状を分析、紹介している。英語圏において、同化や統合主義の色彩の強い政策が再び力を得ている近年の実態を見るにつけても、英語圏以外でのこうした試みに目を向けることには意味があると思われる。

また、同じ英語圏と言っても、例えばカナダ、オーストラリア、アメリカ合衆国では、それぞれのコンテクストも強調点も展開の経緯も異なることは言うまでもない。しかし同時に、なぜ日本で、いや世界的にも、多文化主義の例としてこれらの三カ国を取り上げることが圧倒的に多いのかは、改めて考える必要がある。翻って考えると、三カ国には共通点も多い。国土の広大さ、英国系の移民が多いこと、さらに、はるか以前からその地に住む先住民を蹂躙することで現在の国家を作り上げてきた歴史を共有することなどである。その視点からこれら三カ国の多文化主義を捉え直すと、例えば、過去と現在における先住民の存在を隠蔽する言説としての多文化主義、という一面が浮かび上がってはこないだろうか。こうした視点は、かつて同じ英国の植民地であり、また多民族国家でもあるインドやマレーシアなどにおける多文化主義が、上の三カ国や日本で云々されるような議論に展開されていない点などを考え合わせると興味深い。そこには、これまであまり省みられなかった多文化主義の見落とせない一面が浮かび上がってくるのである。

そのような点を踏まえて、私たちは、従来から取り上げられてきた英語圏諸国における多文化主義の取り組みについて、再検討を試みなくてはならない。すなわち、「多文化主義」と「多文化な社会（あるいは状態）」とは区別して考える必要があること、多文化主義には多様な側面があることの二点を十分に心に留めて、言説として日本に大きな影響を与えてきた、主に英語圏における多文化主義と、日本におけるその受容について考察を進める必要を感じるのである。

2. 「多文化主義」をめぐる議論

北米、そしてオーストラリアにおける多文化主義をめぐる近年の議論、特にそれを批判的に取り上げた議論はさまざまであるが、ここでは三つの立場から大きくまとめてみたい。第一は、反多文化主義とも呼べる議論、第二に、多文化主義を政治・経済的効率という観点から捉え直そうとする議論、そして第三は、多文化主義を推進してきた人々から発せられる批判的な多文化主義見直し論である。

第一の立場からの議論には、いわゆる保守層からの反動的な呼びかけがある一方、後で見るようにリベラルな立場からの批判もあって論者の政治的立場に幅はあるものの、その主張のポイントには通底するものがある。それは、「多文化主義の行き過ぎを懸念」し、かつ「それは是正すべきだ」とする考え方である。古くはグレイザー（Glazer 1976）がアメリカにおける多文化主義の行き過ぎを批判した頃からその嚆矢が見られるが、なかでも一九九〇年代以降には、いわゆるリベラルな立場の論者たちによる主張が活発となった[3]。この立場の論者の多くは、社会が多様性をもつことそのものに反対しているわけではない。しかし、そこで言われる「多様性」は、あくまで社会の「統一性」を妨げない範囲でという制限つきの「多様性」である。一九九〇年代後半からオーストラリアを震撼させたポーリン・ハンソンとワン・ネーション党の主張も、その意味ではこの範疇に入ると言えるだろう。すなわち「私が望んでいるのは、アジア人の完全な排斥ではなく、………バランスの回復なのです」（Hanson 1997）という同党の主張には、それがよく表れている。

第二の政治・経済的効率の観点から多文化主義を批判する議論は、第一の立場からの議論と重なり合う部分もあるが、主に行政の立場から出てきたものである。例えば、オーストラリアでは、一九八八年に『フィッツジェラルド報告』が、移民受け入れ政策の見直しとして当時の労働党政府に上程されたが、その中には「移民に対する社会的コストの増大に反して、（移民による）経済的利益は減少している」という警告が存在する。一九八六年度政府予算では、オーストラリアの多文化主義を象徴するひとつとして喧伝されてきたＳＢＳ（多言語放送サービス）への予算カットが、実施には至らなかったものの提言された。教育の分野では、一九九七年以降、従来のＬＯＴＥ（英語以外の言語教育）やＥＳＬ教育から、英語のリテラシー（すなわち国語の基本的な読み書き能力）教育への重点のシフトという現象が起こっている。二〇〇三年以降には、かつて筆者が学んだメルボルン・モナシュ大学の多文化教育担当者たちも、「今は、多文化教育というより、リテラシーとニューメラシー（基本的な計算能力）の時代だ」と語るようになった。これらは、マイノリティの社会的地位向上に力を注いできた多文化主義に基づく教育に対して、全国民の基礎学力の向上を図る教育をより重視する、教育政策上の一連の動きと捉えることができよう[4]。

本章で筆者が最も重要視し取り上げたいのは、上の第三の立場、すなわちこれまで多文化主義、多文化教育を推進してきた人々からの多文化主義失敗論とも言うべき反省・批判の声である。すでに前世紀末に、例えばヴァスタ（Vasta 1996）は、「多文化主義の終末期、ポスト多文化主義の時代、あるいは『同化主義よりはよい』という程度の多文化主義の存続のとき」などという捉え方を紹介して、多文化主義は、社会においてマージナルな影響しか与えなかったと自省している。彼女は、オーストラリアの多文化主義を、「世界におけるオーストラリアの文化的位置に関する議論では大きな影響を与えたが、オーストラリア内の個人レベルではあまり影響を与えなかった」とも論じている。合衆国においても、多文化教育を積極的に推進してきた一人であるスリーターによる「大多数のアメリカ人にとって、多文化教育は、過去25年間の多くの試みにかかわらず、教育事業における文化的差異に対する認識を付け加えた程度にしか見られていない」（Sleeter 1999）との見解がみられる。立場の如何を問わず、多文化主義や多文化教育を手放しで称賛できる時代は、もはや終焉期を迎えているのである（樽本 2009）。では、従来の多文化主義のどこに問題が潜んでいたのであろうか。それを検討する前に、多文化主義の類型について言及しておきたい。

3.「多文化主義」の類型

多文化主義には、リベラル多文化主義とコーポレート多文化主義、そして後者に基づくクリティカル多文化主義など、かなり異なる考え方が存在する[5]。ゴードンは、かつて多文化主義を、「リベラル多文化主義」と「コーポレート多文化主義」の二つに分類した（Gordon 1981）。彼によれば、前者は個人の尊厳や平等は尊重するが、社会の中のマイノリティを集団として捉え、その現状を政治的に変える行動を支持することには消極的である。翻って後者のコーポレート多文化主義は、マイノリティ集団の現況を変える何らかの政治的権利がマイノリティ集団に与えられなければ、不平等などの問題は解決には至らないと主張する。すなわち、コーポレート多文化主義によれば、リベラル多文化主義は、問題を個人の問題へと還元する傾向がある反面、社会構造上の権力関係にはナイーブなアプローチだという批判が出てくるのである[6]（馬渕 2002）。しかしながら、かつてグレーザー（Grazer 1976）は民族間の力関係にまで踏み込まないことを国家によるマイノリティ集団の健全な看過だと主張していたし、さらにはウォルツァー（Walzer 1992）などのように、リベラル多文化主義を民族などによって差別をしない手段として肯定的に評価しようとする人々は多い。

しかし、本書はリベラル多文化主義を批判的に検討したいと思う。以下に見るように、リベラル多文化主義は、現状維持に逆に貢献してしまう問題性をはらんでいるからである。ここでは、メイ（May 1999）や米山（2003）などが提唱するクリティカル（批判的）多文化主義の立場から、従来のリベラル多文化主義の問題点を整理して、以下の分析の枠組としたい。なお、「リベラル多文化主義もクリティカル多文化主義も、ともに文化本質主義という問題を伴う危険性がある」という別の視点からの問題点については、議論の場を第2部以降にゆずりたいと思う。

4.「多文化主義」の課題

ここで言う「多文化主義」とは、上で述べたように、これまで主流とされてきたリベラル多文化主義のことである。ここでは次の三つの点から、それを批判的に捉えることを試みる。その三点とは、管理主義の問題、個人主義の問題、そしてそれらと重なる形でのリベラリズムの問題である。

多文化主義は従来、寛容性というものに信頼を置く傾向が強かった（Grasby 1984=2002；Hage 1998=2003）。そこから、異質なものとの共存、あるいは多文化共生という理念も生じてきたわけである（Walzer 1997=2003）。しかし、この寛容思想に裏付けられた多文化主義は、あくまで社会のマジョリティ側からの言説であり、抑圧されたマイノリティの立場にある人たちは、寛容などという概念を自ら語ることは少ない。彼／彼女らに求められるのは、寛容ではなく忍耐なのであり（Hage 1998=2003）、そして、マイノリティ集団が求めているのは、マジョリティ側から寛容を示されることよりも、むしろ現行の社会の組織、そして支配する立場にある人たちの態度を根本的に変えて欲しいということなのである（Castles & Vasta 1999）。

では、そこで述べられる、支配する側の態度とは何であろうか。ここでは、G・ハージ（Hage 1998=2003）の言う「管理可能な他者のみを受け入れる」という姿勢を指摘しておきたい。言い換えれば、支配する側のマジョリティは、異質な他者が受け入れ可能な状態になった場合にのみ、すなわち「管理可能な場合のみ、受容する」という態度をなかなか崩さないということである。ハージは、オーストラリアの寛容性に基づく多文化社会を、シチューに擬えている。ただしそこでの料理人（どの材料をどれくらい配合するかを決定する者）は、つねに一部の白人支配層だと論じる。彼によれば、オーストラリアの（リベラル多文化主義者が進めてきた）多文化社会は、「多様である」社会ではなく、「多様性をもつ」（ことをマジョリティが誇る）社会になっていると定義付けられるのである。

次に、リベラル多文化主義がもつ、個人主義的傾向について言及したい。ハージは「人種差別を心理的現象として論じる、社会科学の長い伝統」についても指摘しているが、多文化主義の推進においても、個々人の内面的な変革に問題の関心が絞られる場合が多い。例えば、偏見と差別は、通常不可分なものとして論じられる。しかし、心の中に生じる偏見とは異なり差別とは行為のことであり、現実社会の中では偏見とは必ずしも連動せずに生じることもあり、逆に、偏見をもっていても差別という行為そのものには至らないこともある。それにもかかわらず、差別にかかわる問題を個人の心の問題に焦点を当てることによってのみ解決しようという姿勢は、なかなか変わりにくい。最近のモラル崩壊への危機感に訴え、正常性への回帰を求める論調が勢いを増す中で、議論の焦点はいよいよ、明確な他者の存在を前提とした、個々人における自己の内面の問題に合わされてしまう傾向にある。

ステレオタイプ（社会一般に広く受け入れられているイメージで、客観的事実によらず単純化した考え）に関する近年の研究を振り返ってみても、例えばピッケリング（Pickering 2001）は「ステレオタイプが提供してくれる『変化のないこと』の快適さが現存する力関係には必要であり、それを変えてはならないという確信を（マジョリティに）強めるのである」と分析する。彼は、「集団を構成する個人という視点から、集団に規定される個人という視点への転換」の必要性を説き、「問題をモラルと関係させて心理学的に説明する傾向や、不条理な個人に焦点を当てることの限界性」について議論を展開するのである。「レイシズムは偏見の問題ではなく、社会的な権力の問題である」というシワナンダンの指摘（Sivanandan 1993）は、当時のオーストラリア社会に対して向けられたものだが、問題の核心を既に明確に提示したものであったと言えるだろう。

こうして考えてくると、リベラル多文化主義は、個人主義に立脚し、また管理の発想を払拭できないが故に、逆にマジョリティとマイノリティとの力関係を温存し、かつ現状の維持に貢献するのだという構造が、徐々に明らかになってくる。そしてその傾向は、本物志向や正当性への回帰が叫ばれる今日、ますます強まる可能性がある。「正当性は20世紀で最も権威のあるイデオロギーである」と先のシワナンダンは述べたが、ここで言う正統性あるいは普遍性とは、実はその社会を支配するマジョリティ集団にとっての正統性や普遍性のことである。リベラル多文化主義において、より正統的・普遍的とみなされる価値観には、往々にして、権威あるものとしての白人の文化規範が、理性的外観の下に横たわっている（Kalantzis & Cope 1999）。同時に、支配的マジョリティが目指してきた、近代国家における教育の主要機能のひとつが、多様性を消すことにあった（Gelner 1983=2000）ことも、見逃してはならないだろう。近年、オーストラリアや英国では、シティズンシップ教育と呼ばれるプログラムに従来の多文化教育が収斂するような状況も報告され（飯笹 2005）、合衆国でも、公共性の重視が声高に再登場している（Kalantzis & Cope 1999）。しかし、集団や民族間の力関係による差異は温存されたまま、市民という包摂された理念に頼ろうとすることは、問題を隠蔽する危険性をはらむ。一連の動きの背後には、市民や公共性という概念を支えてきたリベラリズムの存在があるのである[7]。私たちは、このような問題を内蔵してきた従来のリベラル多文化主義の限界性を、しっかりと見分ける必要に迫られていると言わざるを得ないであろう。

以上が、クリティカル多文化主義の立場からの、従来のリベラル多文化主義への問題提起である。では、そのように批判するクリティカル多文化主義は、有効な手立てを見出し、社会の変革に寄与できているのだろうか。紆余曲折があり限定的でもあるが、積極的差別是正策を広めたことや、多文化教育を民族に限定せず、すべてのマイノリティを対象とした社会変革として位置付けたことなどは、その成果として数えられるかもしれない。しかし、冒頭で述べたように、現在はいかなる形の多文化主義にも、いや多文化教育そのものに逆風が吹いており、「心痛む事実だが、クリティカルな教育も多文化教育も、社会や教育に対して、十分な寄与はもはやできなくなってきている」(Mclaren & Torres 1999) という指摘さえある。それぞれの社会的文脈において、さらに踏み込んだ問題の分析と実施可能な具体案の提出が、焦眉の課題となっていることを思うのである。

5. おわりに

本章では、多文化主義という考え方そのものについて、最近の議論を整理し、そこから多文化主義の問題点や課題について考察してきた。それは国内で「多文化共生」が叫ばれる状況に対しても、再検討を迫ることにつながるであろう。そこで私たちは、どのような手立てを講じる必要があるのだろうか、それは可能なのだろうか、という問いが生まれてくる。それらの問いを考えるに当たって、本書ではさらに二つの考察を深めておきたいと思う。

一つ目は、これまで私たちが多文化主義とその歩みをいかに分析し、評価しようとしてきたのかを、今一度振り返ることである。第2章では、多文化主義の先進国として盛んに取り上げられてきたオーストラリアの軌跡を、国内研究者がどう捉えてきたかを分析することによって、その内実に迫りたい。

二つ目は、それとは反対に、では実際の試みは、現在どのように試行錯誤され、展開されようとしているかに迫ってみることである。本書では、やはりオーストラリアでの取り組みをケース・スタディとして取り上げた。具体的には、多文化主義が最も明確な形で表出されるもののひとつである教育の世界において、すなわち多文化教育の現状について、特に教員養成を中心に、第3章で考察を試みている。世界各地で多様な議論や政策が展開されてきた中で、多文化主義について、ここまで述べた筆者の問題意識に基づいて、具体的な二つの事例からさらに考察を深めていきたい。

注

1　例えば、ホリンズワース（Hollinsworth 1998）やジャヤスリア（Jayasuriya 1999）などは、すでに10年以上も前からこのように指摘している。

2　ここで、では「多文化とは何か」、そして「そもそも文化とは何か」というそれぞれの概念を定義しようとする議論もできると思うが、本書はこの段階ではそうした議論に立ち入らない。それは本書が、それらの定義を理念的に行なうことから議論を展開しようとするのではなく、それらの概念がどのように把握され、かつ現実に使用されてきたかに焦点を合わせているからであり、さらに、そうすることによって、結果的には「多文化とは」、「文化とは」という初めの問いに対する有効な回答提示の可能性があると考えるからである。

3　代表的なものとしては、日本でも広く知られるようになったラヴィッチとアサンテの論争におけるラヴィッチの主張（Ravitch 1990=1997）、『アメリカの分裂―多元主義についての所見』(Schlesinger 1991=1992）を著したシュレジンガーの主張があり、近年では、ハンチントンの『分断されるアメリカ』(Huntington 2004=2004）での主張などもそれに該当するだろう。

4　同じような現象は、多文化方式によって学業成績を上げることを目的にした計画には政府が資金を提供しないとした一九九〇年以降の英国の状況にもみられる（川野辺 2001）。

5　他にも、福祉多文化主義、エスニック権利多文化主義、そしてコスメティック多文化主義など、具体的な政策や個々の論者の視点によってさまざまなものを挙げることができるが、本章では、リベラリズムに立脚するか、あるいはそれに批判的かという観点から、多文化主義を大きく二つに分けて考察した。

6　本書では「ナイーブ」を、「単純すぎる」「無警戒に無邪気な」といった意味を表わす語として用いている。

7　リベラリズムの問題に関しては、第9章で再び取り上げる。

第2章　多文化主義へのまなざし
――オーストラリア多文化主義とその歩み

はじめに

国内、特に教育界においては、異文化との共存、共生の重要性が説かれて久しい。例えば、文部科学省が発行する『文部科学白書』[1]には、一九八〇年代以降、「国際社会の中では、………(中略)………異なる習慣や文化を持った人々と共に生きていくための資質や能力を子どもたちに育成することが重要となっています」(文部科学省 2004a) という文章が掲げ続けられている。同様のことは、研究者のあいだでも見られる。国内でこの分野を代表する学会である異文化間教育学会や日本国際理解教育学会などのジャーナル (『異文化間教育 (1987 ~ 2009)』、『国際理解教育 (1995 ~ 2009)』) において、「異文化との共存」「多文化共生」の推進を説く論考は、枚挙に暇がない。そのような文脈の中、研究者や教育関係者が学ぶべきモデルケースとして取り上げてきたのが、欧米先進国、中でも、アメリカ、カナダ、オーストラリアなどの英語圏における、いわゆる多文化国家と見なされる国々である（江原 2000；天野・村田 2001）。

ここで留意すべきは、国内で「異文化間教育」「国際理解教育」と呼ばれるものに対応する上記先進国の取り組みは、「多文化教育」である場合が多いことである。従って、この問題を取り扱う研究者や論者たちが海外の状況に言及する際には、「多文化」あるいは「マルチカルチュラル」という概念が用いられる。

翻って、「多文化教育」「多文化主義」に関する国内の研究では、比較教育や地域研究の立場から、既に相当の蓄積があると言えよう。オーストラリアを例にとると、『オーストラリア研究』には、ほぼ毎号のように同国の多文化主義、多文化教育についての論考が掲載され、また、比較教育学のジャーナルでは、これまでの約10年間に5本の論文が同国を取り上げている（日本比較教育学会 1999～2009）。既に15号を数えた『オセアニア教育研究』（オセアニア教育学会 1994～2009）においても、多文化教育はその中心テーマのひとつであり、最近開催された同学会の公開シンポジウムの主題が「多文化社会―オーストラリアの教育と課題」であったことは、同問題が現在も非常に重要なテーマとして関係者の間で認識されていることを示している。

このような背景に基づき本章では、国内の研究者たちがこれまでオーストラリアの多文化主義、多文化教育をどのように捉えてきたのかに焦点を当てて考察を試み、それらの研究から何が見えてくるのかについて整理、検討したい。そこには、次に述べるような問題意識がある[2]。

1．問題意識

オーストラリアの多文化主義、多文化教育に対しては、それらを高く評価し、ときには賞賛する立場から書かれた多くの論考と、一概にその取り組みを肯定的に評価するのではなく、批判的に分析する視点が強く出た論考が混在してきた。もちろんここでは、それらの是非を批評する目論見をもつものではない。しかし、これまでの研究が、さらに言えば研究者が、どのような「まなざし」で同国の多文化主義や教育を捉えようとしてきたかは、「研究者としての位置の取り方」への議論が近年活発になる中で、非常に重要なポイントであると考える。

本章では、教育政策とそれを支える理念に関する研究に焦点をあてて検討したい。すなわち、政策立案者やそれに近い人たちを中心とする、いわば公的なポジションに立つ人たちによって展開されてきた多文化主義を、検討の対象とするのである。日本において、比較教育学等で行なわれてきた研究では、政策文書を分析する形態が多くみられたが、政策成立のプロセスや具体的なコンテクストでの実施の状況など、他のさまざまな切り口を想定すると、従来の研究手法に偏りがあったことは否めないであろう。しかし筆者は、文献としての政策文書に焦点を当て、その背景にある理念とともに言説の分析を行なうことは、政策研究の基本的な一手法として依然として重要なアプローチであると考えるし、その意味でもこれまでの研究の意義は決して軽視すべきではないと考える。

取り上げる文献とそのカテゴリー化においても、筆者の問題意識を基に考察を試みる。まず、既に一定量の蓄積があるとみなされる数ある研究文献の中から、さまざまな学問領域の研究者が投稿している『オーストラリア研究』における論文を取り上げることにした。文献を読み進めるに際しては、一種のポスト実証主義的な言説分析[3]を行ない、分析の枠組みとして、今回のテーマに対する暫定的なアプローチを用いている。それは、オーストラリアにおける「多文化主義」「多文化教育」の展開を、（1）「経済的効率」（2）「政治的統合」（3）「文化的理念」の三つの視点から捉えてみようとするものである。もちろんこれら三つの視点は、密接な関係を有し、また重なり合ってもいて、明確に峻別できるカテゴリーではないが、このように整理することで見えてくるものを、今後の研究に資することを願って試みたのである。

取り上げた13本の論文[4]は次のとおり（全編『オーストラリア研究』より。タイトルに副題は含めていない）。以下では、各論文に付記したアルファベットで表示することとする。

（A）「オーストラリアにおける移民労働者の人的開発の現状と課題」（中西直和：1993）
（B）「オーストラリアの言語政策における多文化主義と言語教育問題」（松田陽子：1994）
（C）「オーストラリアの私立学校における英語以外の言語教育」（神鳥直子：1994）
（D）「オーストラリアのアジア・太平洋国家化」（鎌田真弓：1995）
（E）「オーストラリアの教科外教育に関する一考察」（福本みちよ：1996）
（F）「オーストラリア州政府にみる多文化主義政策」（増田あゆみ：1998）
（G）「一九九〇年代前半のオーストラリアの新聞紙上に見られる『日本語学習不要論』について」（嶋津拓：1999）
（H）「オーストラリアにおける移民定住団体助成制度」（浅川晃広：2000）
（I）「公的ナショナリズムとしてのマルチカルチュラリズム」（塩原良和：2001）
（J）「多文化主義の新局面」（鎌田真弓：2001）
（K）「多文化主義批判の盲点」（塩原良和：2002）
（L）「オーストラリアの言語政策」（青木麻衣子：2003）
（M）「エッセンシャルな『記憶』／ハイブリッドな『帰国』」（塩原良和：2003）

2. 経済的効率の視点

昨今のオーストラリアの多文化主義、多文化教育が、かつて見られたような勢いを失っているという状況は、さまざまな点から言及することができる。第1章で見たように、批判的な研究者たちは、既に10年以上前に、多文化主義を「世界の中でのオーストラリアの文化的位置に関する議論では影響を与えたが、国内の個人レベルではあまり影響は与えなかった」(Vasta 1996) とし、社会においてマージナルな影響しか与えなかったものとして振り返っている。一方、筆者が最近面談した、モナシュ大学、ＲＭＩＴ (Royal Melbourne Institute of Technology) 大学、ラ・トローブ大学などの多文化教育を担当してきた教員たちは、「多文化教育は、一定の成果を挙げた側面があり、それが、現在の大学で多文化教育コースがほとんど省みられなくなった理由であろう」との見解を述べていた。実際の教育現場でも、例えば、オーストラリア多文化教育で大きな役割を果たしてきたとして日本でも広く知られるＬＯＴＥ (英語以外の言語教育) において、二〇〇二年には大幅な予算カットが実施された。

「オーストラリアは、多文化主義を積極的に推し進めてきた国だ」と捉えてきた研究者たちにとって、これらの状況は、同問題への捉え方に再検討を迫っていると言えよう。そのような文脈の中、最近の状況を説明するもののひとつとして、オーストラリアの多文化主義が、理想的理念を追求していた時代から、経済的効率を重要視するように移行してきたのではないかとの指摘がある。例えば、「一九九〇年代に入り、教育から得られる成果と国の経済発展とが密接に関連付けられるようになると、言語政策もその煽りを受け、………一九九〇年代を通じて、言語政策は国家の経済政策と密接に関係を持たされるようになった」（L）などの見解である。（L）は、日本語、インドネシア語、韓国語、中国語の４ヶ国語を対象とした『アジアの言語とオーストラリア経済の未来（Asian Languages and Australia's Economic Future）』（1994）を、経済的・地理的要因から特定のアジア言語に教育の焦点を当てた政策が発表されたものと見なし、『すべての子どもに読み書き能力を―オーストラリアの学校の挑戦（Literacy for All: The Challenge for Australian Schools, Commonwealth Literacy Policies for Australian Schools）』（Department of Education, Training and Youth Affairs 1997）を、経済不振の打開を目的に英語の識字教育の提唱を推進したものと指摘するなど、一九九〇年代の推移を的確に捉えている。同様の見解は、「このような状況をオーストラリア社会の多文化主義から機能主義への変容とみなしている」と広いコンテクストから理解する文献（A）、「ＬＯＴＥ教育について、一九九一年の『オーストラリアの言語：言語と読み書き能力のための政策（Australia's Language: The Australian Language and Literacy Policy）』（Department of Employment, Education and Training 1991）では明確に優先言語として、14の言語を指定し、………このように、コミュニティのニーズよりも国家的有益性、すなわち、社会的平等性より経済的合理性が強く優先されていることが、随所で明らかになっている」との見方を示す文献（B）にも見られる。

しかし、オーストラリアの多文化主義、多文化教育において、「経済的効率」が重要な牽引要因になっているとの見解は、一九九〇年代以降の現象の説明にのみ用いられてきたわけではない。冒頭で触れた第8回「オセアニア教育学会」公開シンポジウムでは、一九八九年ホーク労働党政権時の『多文化オーストラリアへの国家計画（National Agenda for a Multicultural Australia）』に、多文化主義を支える主要な根拠として、経済的効率が既に掲げられているとの指摘があったし、文献（D）は、「一九八〇年代におこったアジア研究（Asian Studies）の改革の波は、そうした実利的必要にせまられての対策であったといえる」との分析を示している。（D）はさらに、主に一九七〇年代に見られた理想主義的だがナイーブなアジア観から、実利的なアジア観、そして国家戦略上で極めて重要なアジア観への移行を、その問題点の指摘とともに描き出してもいる[5]。

筆者は、一九八〇年代から一九九〇年代の始めにかけて、同国ビクトリア州の教育省においてLOTEプログラムのコーディネーターの一人として勤めたことがある。日増しに強まる日本語熱が、一九八〇年代後半には、オーストラリア日本語教育界で指導的役割を果たしていたネウストプニー（当時モナシュ大学）をして「ツナミ現象だ」と言わしめたことは鮮やかに蘇ってくるが、同時に、なぜ他の多くの言語は省みられないのか、また、多文化教育の中で、なぜ先住民の問題が常に切り離されて論じられるのかと疑問を抱いていたことを思い出す。その文脈では、「オーストラリア人が日本語を学ぶのは、日本がアジアの巨人だから」であり、「日本語の人気を支えているのは、ビジネスあるいは就職の際に役立つだろうという期待感」からであるとした文献（G）の指摘は、現在、日本の経済的不振に呼応するように日本語学習熱が低下している現象を見るにつけ、至極当然にすら思われる。以上の経緯からも、筆者はオーストラリア多文化主義における、「経済的・実利的効率」の言説を、必ずしも近年に限定された産物として捉えることには懐疑的である。すわなち、文献（H）が、一九八八年の「フィッツジェラルド・レポート」[6]の提言を整理した際、その特徴として掲げた「オーストラリアの国益、特に経済的利益をもたらすような多文化主義政策の必要性」は、同国の多文化主義の底流に連綿と継続されてきたのではないかと考えるのである。

例えば、関根（1989）がかつて指摘したように、職場での英語教育と多文化教育が、オーストラリア社会あるいは企業内における人種・エスニック集団関係の安定や企業経営効率の増大に重要な役割を果たしてきた事実は看過できないし、また、英語教育にかける予算の額がLOTE教育のそれを何倍も上回ってきたことは、常に変わることがなかった。文献（B）は、オーストラリアでは英語以外の大きく偏った言語集団は存在せず、非常に少数に分散した多言語国家であるという側面を紹介した後、一九八七年『言語に関する国家政策（NPL＝National Policy on Languages)』が、「英語はこれまで、現実として国家語であったが、それを明らかに宣言したことはなかった。………この政策において、オーストラリア特有の英語を積極的に認知するものである」と再確認したことを指摘している。このNPLの宣言の内容こそ、オーストラリアの言語政策を通底するものではないかと考えられるのである。また、教育現場では文献（B）が紹介したように、フランス語などの伝統的な外国語教育の凋落から、教員集団が自身を守るためにその代替をLOTEのアジア諸言語に求めたという、教員による時代に即応した対処の実例を、筆者自身も80年代に目の当たりにした。多文化主義、多文化教育において、時代の経済的要請に基づく実利的効率が、いつの時代においても重要な牽引車であるという視点は、その丁寧な分析と共に、さらに追及してゆくべき課題であろう。そしてそれは、日本の現状を考える際に、大切な分析の視点を与えてくれるはずである。

3．政治的統合の視点

オーストラリアの多文化主義、多文化教育における近年の変化を、政治的統合のディスコース[7]から説明しようとする文献も数多い。例えば文献（B）では、先述のNPLを「マイノリティの言語・文化の尊重と社会的平等とともに、マジョリティ側が多様な文化を積極的に享受し生かしていく社会のあり様を、実際的な言語問題の場で具体化し、国民にそのプラス面をアピールするもの」と捉えている。また、文献（F）は、『ニューサウスウェールズ州における多文化憲章（NSW Charter of Principles for a Culturally Diverse Society）』（Ethnic Affairs Commission of New Sauth Wales 1993）を「憲章のなかで注目すべき点は、『エスニック系』を一語も用いず、『全ての住民』という言葉を使い、政策の対象を拡大していること」と紹介し、それを政策として段階的進歩を表すものとして肯定的に評価している。

文献（J）は、先住民政策の視点からではあるが、それらの動向を少し異なった角度から検討し、「一九九六年の自由・国民党保守系連立政権への交替によって、ハワード首相は、先住民政策の『行き過ぎ』を見直し、先住民に対しては、一般のオーストラリア人と同様の権利や特典を付与することを主張した」結果、「過去の不正への謝罪意識が薄められ、すべてのオーストラリア人が権利を享受しうる社会を描いた未来志向の強いものとなり、………将来の共生を誓う点が強調されている（傍点筆者）」と指摘する。ここでは、「マイノリティである先住民に対する従来の取り組みを行き過ぎとし、すべてのオーストラリア人のための政策に転換を図るべきだ」という言説が批判的に紹介されているのである。一方、文献（I）は、同様の傾向を多文化主義政策の変遷の中に認め、「多文化主義の制限」のロジックが明確にされた時期が一九八〇年代後半にあったとする。すなわち、フィッツジェラルド・レポート（1988）の翌年に出された『多文化オーストラリアへの国家計画（National Agenda for a Multicultural Australia）』(Department of the Prime Minister and Cabinet 1989）の「多文化主義政策は、すべてのオーストラリア人は、オーストラリアとその利益、未来への無条件で統一された関与を最優先すべきであるという前提に基づいている」という箇所等に「多文化主義制限の論理」が明確に定式化されていると分析するのである。これら「統一された」「すべての（オーストラリア人）」という形容詞は、以降この問題を論じる際に、頻繁に使用されるようになっていく。

文献（I）、（J）は共に、これらの考察に続いて、一九九〇年代以降の傾向を、多文化主義のメインストリーム化（主流化）という概念で整理、把握しようとする。例えば（J）は、『多文化オーストラリアへの新しい計画（New Agenda for a Multicultural Australia）』(National Multicultural Advisary Council 1999a）を取り上げ、「そこには、多文化主義をオーストラリア独自の文化的産物として位置づけることによって、国民統合の理念としての意義がより強調される。つまり多文化主義は、差異を包摂して国民を統合する理念となり、そうした多文化主義の進化そのものが『オーストラリアらしさ』の本質として提示される」として、主流化について説明する。このような理解の仕方を推し進めると、多文化主義は包摂と統合の理念を支える言説と位置付けられることになり、マイノリティの地位を向上させ、社会の不平等を改革する役割を担うとされてきた従来の理解とは、かなりかけ離れたものになっていくだろう。

折しも、連邦政府レベルでは、「オーストラリア発見（Discovery Australia）」プログラムという歴史的伝統や価値教育に重点を置いた新しいカリキュラムが、シティズンシップ教育という名の下に紹介されている現状がある（飯笹 2005）。そこには、すべてのマイノリティを包摂し、統合されたオーストラリア人のためにというレトリックが見え隠れする。それを、多文化主義の発展と肯定的に評価するのか、マジョリティとマイノリティの力関係は変わらないままに多文化主義の社会に与える影響が減退しつつあると捉えるのかは、論者によって異なる。そしてこのような分析は、オーストラリアの多文化主義を支える理念が変質してきていることを示している。

4. 文化的理念の視点

従来、特にオーストラリアの教育に関する研究者たちは、同国の多文化主義に基づく教育を肯定的に高く評価する傾向があった。例えば、文献（E）は、「オーストラリアでは、………生徒を一個人としてとらえて個々人の発達を重視していること、………各生徒の多様な個性をふまえた豊かな人間形成を目的としている………」として、そのような点が欠けるとされる日本の教育との比較の叙述が見られる。文献（C）でも、ひとつの州の私立学校という限られた文脈ではあるが、そのLOTE教育を高く評価、紹介している。

これらの論考の背景には、オーストラリアでの多文化主義とその理念への高い評価が存在した。文献（F）は、「『多文化主義』の実現は、一律の判断基準を求める『法律』よりも、各政府機関の『理念』に対する自己診断に任せる方が、政策の効果が期待できる」と述べ、同時に「理念」の曖昧さに言及するが、「しかし、多文化主義政策においては、この曖昧さが必要である」として、「理念」の問題点を自覚しながらも、同国の多文化主義の理念そのものを評価しようとする。このオーストラリア多文化主義、特にその初期の段階に見られる理念上の曖昧さは、他の論考でも指摘されており、例えば文献（D）は、一九七〇年代後半のアジア研究に対する政策文書が、極めて曖昧な形でしか目的を提示せず、アジア言語の教育を拡大することによってアジアへの理解が深まるといった、やや短絡的理想主義に陥っていると指摘している。しかし往々にして、このどちらかというとナイーブな初期の多文化主義理念が、ことに日本国内では高く評価されてきたことも否めない。例えば、平等主義、反権力の思想、公正な心、革新性・理想を求める心などの概念が、オーストラリアの教育を形容するキーワードとして掲げられ、日本の教育界はそこから学ぶべきだというメッセージを明確に打ち出す論考などにそれは見られる[8]。

近年ではそれらと並行して、オーストラリア多文化主義の理念的な変遷について、次のような捉え方が提出されるようになった。例えば、文献（I）ではガルバリー・レポート[9]などに代表される比較的初期の多文化主義の理念について、「白豪主義・同化主義が国内外にもたらす弊害を取り除くために導入され……国民国家内部における文化的多元性の維持・奨励を比較的単純に称揚するもの」であり、「多文化主義の実施によって国民統合は自動的に強化されるという楽観的見方をしている」と指摘し、それに続く一九八〇年代の多文化主義言説は、先の節でみたように経済的メリットの強調と「多文化主義の制限」にその特徴があると捉える。同時に、文献（I）は、99年の『新世紀へのオーストラリア多文化主義：包摂に向けて（Australian Multiculturalism for a New Century: Towards Inclusiveness）』（National Multicultual Advisory Council 1999b）や『多文化オーストラリアへの新しい計画（New Agenda for a Multicultural Australia）』（National Multicultural Advisory Council 1999a）以降の多文化主義では、「包摂（inclusiveness）」概念の提唱によって多文化主義が市民的な価値を含む概念と再規定されることに伴い、多文化主義「制限」のディスコースから多文化主義による国民「統合」のディスコースへ、多文化主義の理念が再び正当化されたと分析する。文献（K）ではその考察をさらに進めて、多文化主義の理念からエスニックという言葉や概念が払拭され、代わりにコミュニティや市民という概念が盛り込まれてきたことを批判的に捉え、その結果として、多文化主義が現実の社会政策から理念的に切り離されてくる状況への問題提起も行なっている。これらは先述のように、例えば教育の分野で多文化教育がかつての勢いを失い、代わりにシティズンシップ教育プログラムの導入が連邦レベルで推進される動きなどの有力な説明になろう。

文献（M）が以上をいったん総括して、「本質主義批判の視点の導入以後、多文化主義に関わる批判的分析の焦点は、多文化主義による文化本質主義にどう対処していくかという問題に移行しつつある」との認識に基づいて、「今や多文化主義研究は、支配的権力とマイノリティ文化の力関係の解体を導く、マイノリティへのエンパワメントの理念としての多文化主義の再定義を模索すべき段階を迎えつつある」と述べる。基本的には、筆者もその見解に異論があるわけではない。しかし、現在の多文化主義、多文化教育の状況を、また今世紀に入ってからの変化をどのように捉えたらよいか、その捉え方への視点には、さらに踏み込んだ分析を要するさまざまな課題があると考えられる。最後に、その点に触れて本章のまとめとしたい。

5．まとめと課題

本章では、オーストラリアの多文化教育とそれを理念的に支える多文化主義について、日本の研究者たちが、これまでどのように捉え、評価してきたかを一部の論考を通じてであるが、批判的に振り返ってきた。その結果、同国の多文化主義を称賛するような立場からの論考が存在する中で、いくつかの論考は、同国の多文化主義・多文化教育が変化しているとの認識に立っていることが確認できた。オーストラリアの多文化教育をリードしてきた指導者の一人、RMIT大学のD・カーヒルはその変化を、一九七〇年代中頃までの同化主義に基づく教育の時代、70年代後半から80年代中頃までの多文化主義に基づく教育の時代、80年代中頃から90年代中頃にかけての包括的カリキュラムへのシフトの時代、そして90年代終盤以降の時代と整理している（Cahill 2001）。本章で取り上げた文献の中にも、同様の理解の仕方を示しているものが何点か見られた。

では、現在のオーストラリアの多文化主義・多文化教育はどのような理念に基づき、どのような方向へ展開されようとしているのであろうか。それについての理解、評価については、オーストラリア国内においてもまだ定まったものは少ないようである。ある論者は、前記の包摂の理念に基づく多文化主義の発展上に昨今の状況を捉えようとするが、その立場に立つと現在の多文化主義は新しく生まれ変わったものとして肯定的に評価される。一方、筆者がかつて80年代から90年代にかけて共に仕事をしてきたLOTE教育の担当者たちからは、もう多文化主義や多文化教育の時代ではないとの声も届いている。代わって重要視されているのは、リテラシー（読み書き能力）やニューメラシー（計算能力）という基礎学力の低下を憂い、それを教育の場での優先課題とする見解である（伊井・青木 2003）。そしてこの傾向は、オーストラリアに限らず、他の英語圏、例えば英国における最近の動向とも共通点が見られることは第1章でみた通りである。これまで多文化教育を推進してきた立場の人たちからは、多文化教育はもう任務を果たし終えたというような声は出なかったが、現実には人員カット、予算の削減という形で大きな影響を受けている。10年以上にわたった保守連立政権による多文化主義への風当たりの強さは[10]、例えば多くの大学で多文化教育の講座が閉じられていく中、関係者にとって深刻な問題となっているのである。翻って、本章でみた経済的効率の視点からの説明は、オーストラリア多文化主義、多文化教育のどの時期においても有効なもののひとつであり[11]、これからもその有効性はなくならないであろう。また、政治的統合のディスコースと、文化的に統合を目指す理念とは、現在の多文化主義、多文化教育を牽引する（それが有効だとの前提に立つ者にとっての話だが）、ますます重要な支柱になっていくことが予想される。

こうして見てくると、現在の状況を理解する上で、ひとつの視点から単純化した分析は慎まなくてはならないという、この問題の重層性が見えてくる。そのことは、この問題へのアプローチの仕方というもうひとつの課題を私たちに示してくれる。本章の「はじめに」でも触れたが、こうした問題を分析する場合、どのレベルに焦点を当てて考察するのかが非常に重要な問題であろう。政策を分析するのか、その背後で影響を与える研究者の見解に焦点を当てるのか、あるいは教育現場でそれらがどう展開されているかを見るのか、そのいずれに焦点を当てるかによって抽出される考察結果はかなり異なるはずである。さらに政策研究に限っても、既に書かれた政策文書を分析するのか、政策立案者へアプローチするのか、政策作成のプロセスを追うのか等、さまざまなものが考えられよう。特に海外からこれらの問題に迫ろうとする際には、限られたアクセスなどの物理的制限、時間的制約などさまざまな困難が伴うだけに、方法論における自覚的で有効なアプローチが求められる。

方法論について、最後にひとつのことを述べておきたい。それは、ここまで述べてきたことと関連するのであるが、こうした問題を考察する場合の、研究者の位置の取り方である。筆者が会った多くの研究者間においても、シティズンシッププログラムなどの包摂理念に基づく教育を積極的に進めようとする、いわゆる主流派に属する研究者と、先住民族出身の研究者、海外からのLOTE教育担当者などでは、その理念も目指すところも大いに異なっていた。もちろん、表面的にそれらを差異化することは慎むべきである。しかし同時に、研究者と言えども、これらの問題に客観的で中立的な立場の者として臨むのは不可能であることを、私たちは深く認識する必要があるだろう。それは、海外からの研究者であっても然りである。自らの価値観を分析の遡上に載せて、文献や関係者と接する以外にはない。

冒頭で述べたように、オーストラリアの多文化主義、多文化教育がこれまでに辿った軌跡は、

「多文化共生」が比較的ナイーブに叫ばれる日本の教育の場において、たいへん貴重な示唆を与えるものである。これまで見てきたように、オーストラリアの試みを無条件で賞賛する時期は既に過ぎ去ったし、同国の試みを先駆的で学ぶべきモデルとしてのみ捉える見方もこれからはあまり意味をもたないであろう。同時に本章で振り返ったように、これまでの研究は、その豊かな内容と視点の多様性から、既にこの分野において一定の蓄積があることも見事に示している。変遷を続けるオーストラリアの多文化主義と多文化教育のその後をさらに多角的に考察する作業と共に、これまでの研究を批判的に発展させる責務が、この問題にかかわる者に与えられていることを思うのである。

注

1　二〇〇〇年以前は、文部省によって『我が国の文教施策』が発行されていた。

2　本書では多文化教育を、「多文化主義が展開される上での最も重要な具体例のひとつである」という筆者の従来の認識に立って議論を展開する。詳しくは馬渕仁（2002）を参照。

3　調査者の中立性を重んじて客観的なデータ収集を試み、一般化可能な信頼性に耐え得る結果を提供することを主目的とする、量的で実証主義的なアプローチに対して、そこからはともすれば見えてこない研究課題への、新たな問題意識を掘り起こすことを目論見とする。ディスコース（言説）の多くは力関係などの社会的コンテクストに規定されるとした、フーコーなどの考えに基づくアプローチを指す。詳しくは、前掲書の第3章を参照。

4 多文化主義、多文化教育をタイトルに含む、あるいは主要問題意識のひとつとして扱っているものをすべて取り上げた。

5 同国の『インターカルチュラル・エデュケーション』(Intercultural Education) 誌の元編集者は、二〇〇九年3月に会った際、二〇〇七年に誕生したラッド労働党政権におけるアジア言語への教育の重視も同様の視点から捉える必要があると指摘した。また、ラッド首相は、多文化主義への公的な言及をほとんどしていないことにも留意が必要であろう。

6 Committee to Advise on Australia's Immigration Policies (1988) *Immigration: A Commitment to Australia* は、通称フィッツジェラルド・レポートと呼ばれる

7 本書では、かつてフーコーが考えたように、単なる発話や文の集合体としてよりも、実際に社会のコンテクストを規定し、また社会のコンテクストによって逆に規定されるものとしてディスコース(言説)を捉える。

8 例えば、石附実・笹森健編著(2001)の序章。

9 Commonwealth of Australia (1978) *The Review of Post-Arrival Programs and Services to Migrants* は、通称ガルバリー・レポートと呼ばれる。

10 一九九六年から11年以上続いた保守連立政権は、二〇〇七年の総選挙によって労働党政権に変わったが、その多文化政策については、日本においてもオーストラリア国内においても、まだ評価が定まっていない。

11 先述のようにこの点に関しては、ハワード保守政権以前のホークならびにキーティングによる労働党政権の時代においても基本的に変わっていない。

第3章　多文化主義のリアリティ——多文化教育の行方

はじめに

第1章では、多文化主義を理念的に再検討し、第2章では、その多文化主義に基づく近年の動きを国内の研究者たちがどのように捉えてきたのかを、オーストラリアでの研究を例として考察した。二つの章から共通してわかったことのひとつは、多文化主義とその実態が大きく変化してきているということである。では、変化する多文化主義とそれを取り巻く環境の中で、実際の現場では何が起こっているのだろうか。

本章では、もう一度オーストラリアを取り上げ、まず同国における多文化主義と多文化教育における公的な文書に関する検討を試みる。さらに、それらが実際のフィールドでどのように展開されているかについて、同国ビクトリア州を例として考察する。内外から多文化主義国家とみなされてきたオーストラリアについて、試行錯誤の実態を検証することから示唆されるものを探りたい。

1．オーストラリアでの公的な多文化主義教育

オーストラリアの多文化主義、そしてそれに基づく教育では、理論的には現在どのようなことが推進されているのであろうか。代表的な文献によって、その枠組を捉えてみたい。

ビクトリア州は、多文化主義政策に積極的な取り組みを続けてきた州のひとつとされるが、その多文化教育に関する公的な見解を示した最新のガイドラインは、同州教育庁により発行された『ビクトリア州の学校のための多文化政策（Multicultural Policy for Victorian Schools)』(Department of Education MALOTE and ESL 1997）にまで遡る。そこでは、多文化教育の推進の必要性や多文化主義における教育の重要性が説かれているが、同時に次のような記述も見られる。「一連の動きは、文化・言語的多様性に価値を認める、統一の中での多文化主義へ移行していった（5頁)」、「多文化政策は、社会における統一という枠組の中での実施が必要である（8頁)」。すわなち、第1章で見たように、あくまで統一性を保持することを前提としたリベラル多文化主義の姿勢が読み取れるのである。また、「国の経済・社会の健全さにとって、文化多

元主義は不可欠なものである（8頁）」「アボリジニ、ヨーロッパ、アジア、英国、中近東、アフリカ、南米、南太平洋諸国のバランスを取ることが必要である（12頁）」という記述は、マイノリティとマジョリティという社会の中の構造的な力関係には踏み込まず、あくまで国益に貢献する多文化主義を推進したいという立場を明確に表明したものと捉えることができよう。

同様のアプローチは、連邦政府が発行し、多くの学校に常備されている『人種主義はいらない―オーストラリアの学校への指針（Racism No Way – A Guide for Australian Schools）』（Department of Immigration and Multicultural Affairs 2001）にもうかがうことができる。例えば、「言語的多様性は、オーストラリアを国際社会の場でさらに競争力をもった国にする（9頁）」、「調和あるオーストラリア社会の発展に、学校は寄与すべきであり（24頁）」、「（筆者注・そのためには、）正確なオーストラリア社会と歴史の学習が不可欠であり（25頁）」、「標準オーストラリア英語の習得、十分な英語力が必要である（9頁）」等々の記述は、国益としての多文化主義を掲げ、かつ、国家としての統一性が多様性よりも優先されていることを示すものであろう。

さらに、教育関係者を対象にインターネット上で広範囲に活用されているガイドライン等を見ても、リベラル多文化主義の主張は随所に見られる。例えば、広く使われている『オーストラリアの教育カリキュラム解説書（Australian Education Curriculum Support Paper）』（Australian Capital Territory Department of Education & Training 1997）を見てみると、「人類の多様性を尊重し、受け入れよう」という規範を述べながらも、「オーストラリアのユニークさを評価し、調和ある社会の維持に努め」「オーストラリアの多様性に誇りを持ち、その歴史を学び……」と続く一連の説明は、上記の政策文書とまさに共鳴する内容となっているのである。

これらのことから、近年オーストラリアの教育関係者が用いてきた代表的な公的文書に見られる多文化教育に関する見解は、国家としての統一性を重んじ、同時にその経済・政治的効率性を優先するという、先に述べたところのリベラル多文化主義の立場を表明したものと捉えることができる[1]。こうした背景を押さえた上で、高等教育機関において現在の多文化教育に対する取り組みが、どう展開されているかを考察してみたい。

2. ビクトリア州教員養成課程での多文化教育

本章では、多文化主義への取り組みが最も明確な形で反映される事例として、教員養成課程における多文化主義への取り組みに焦点を合わせて検討する。取り上げるのは、オーストラリアでも多文化主義への取り組みを早くから始め、多様に展開されてきたことで知られるメルボルンを州都とするビクトリア州である。

リサーチでは、同州にある主要大学の中で、学士課程に教員養成課程をもたないラ・トローブ大学を除くRMIT大学、モナシュ大学、メルボルン大学のカリキュラムと多文化教育担当者へのインタビュー調査を基に分析を試みた。なお、これまでの文書の分析と同様に、ポスト実証主義の立場からこの問題へのアプローチを指向するため、先に述べてきた筆者自身の問題意識に基づいて、公的な資料の調査と合わせ、インタビュー調査とその分析を行なったことを記しておきたい。

1　RMIT大学の場合

①　カリキュラム

RMIT大学は、工科専門大学を母体とする新興大学で、メルボルン市の中心部に数多くのキャンパスが分散する。特に、アジア諸国からの留学生が多い。一九九〇年代後半には、後述するM・カランティス教授や、後に他州や国外に転出したM・シン教授、F・レズヴィー教授といった、オーストラリアの多文化教育を推進してきた指導者が揃っており、多文化教育を熱心に進めてきたことでも知られている。ただし現在は、この大学の教育学科に[2]、多文化教育を主な内容とした科目はひとつもない。多文化教育に関する内容が含まれているのは、1年次の必修8科目中、「教育学1b」と、3年次の35の選択科目中、「多様に発達する子どもたち」の2科目のみである。2年次と3年次に「先住民とトーレス海峡諸島研究」という科目が開講されているが、その内容は先住民研究に絞られており、他のマイノリティ集団は含まれていない。

「教育学1b」では、科目の掲げる八つの目的のひとつが、「学習者の多様性（人種、階級、ジェンダー等）、多文化主義、偏見と人種主義への理解を示すこと」となっているに留まり、オーストラリア社会の多文化性に関する記述は極めてわずかだと言ってよい。数ある選択科目の中の「多様に発達する子どもたち」においても、その目的のひとつに「多様性の探求」という項があるが、それは「オーストラリア市民として」の前提での多様性であり、「(市民としての) 統合過程への認識を得る」という目的がそれに続いている。科目の説明の中に、「統合 (integration)」や「包摂 (inclusion)」という用語が目立つのも特徴である。

「多文化主義」「異文化理解」に関する科目が現行のカリキュラムにほとんどないことから、RMIT大学で中心となって多文化教育を推進してきたカーヒル教授に、他の学科を含めて同大学で開講されている多文化関係の科目を列挙願ったところ、社会科学科では選択科目として数科目、カーヒル教授が所属する言語・国際学科の1年次では5科目の必修科目のうち2科目で扱っていることがわかった。その2科目は、「国際研究1」と「国際研究2」で、共にカーヒル教授自らが教えている。「国際研究1」は、テキストを読み込んでいくと、グローバル化への認識を高めるという目標のもとに、主に世界各国の人口統計上のデータ、政治、文化、社会についての知識が深まるという内容になっている。「国際研究2」は、経済活動における多様性をテーマとするが、カリキュラムにおいては、マルチカルチュラルのかわりに、マルチナショナルという言葉が使われており、多様性を重んじながらも、あくまでオーストラリアとしての経済活動の中で、統一性を保つための戦略のひとつとして捉えられているようである。

以上のデータを基に、カーヒル教授と、同じくRMIT大学の教授であり、オーストラリアの多文化教育を積極的に推進してきた一人でもある教育学科主任のカランティス教授に、インタビューを申し込み、考えを聞くことにした。

② インタビューと考察

約1時間のインタビューから得られた内容は、次の3点にまとめられる。

- (RMIT大学にカランティス教授が赴任した)一九九七年当時は、まだ多文化研究というコースがあったが、保守化の流れのもとに廃止された。人々は既に多文化主義という概念に違和感をもっており、「多文化」から「国際」という用語に転換する必要があった。多文化主義に固執するのは現実的ではないと思う。地理・歴史・科学等のすべての学科目の中で、これからも多文化主義を教えていけるように教員を養成したいが、そのための教材は、まだ開発されていない。

・オーストラリアは、カナダやアメリカ合衆国と異なり、その国家形成の過程で、先住民問題を除くと大きな紛争や民族対立がなかったユニークな国である。従ってオーストラリアでは、人々は自らの出自にそれほど強いアイデンティティをもっていないので、すべての人たちが平等に社会に貢献できる。
・マジョリティ側は、自分たちが批判されると脅威を感じる。それよりもマイノリティ側から、何かよりよいものを与えられたいと願っているその前向きな姿勢を大切にしたい。もともと民族への執着が、他の英語圏諸国より少ないわけだから、そうした民族性を払拭した積極的思考が、マジョリティ、マイノリティの双方共に重要だ。

ここから、次のような傾向が読み取れる。まず、ＲＭＩＴ大学のカリキュラムは、多文化研究から国際研究へ移行したという実態である。そこで問われる「多様性」は、民族によるものばかりではなく、ジェンダー、階級、障害等のすべてを含むものとして扱われ、また教育のアプローチとしては全体的な、すなわち全科目を通じて多様性を教えることになっているとされる。しかし現実には、そうした意味での教育に従事する教員の育成も教材も整っておらず、前途の多難さがうかがわれた。インタビューでは、さらにオーストラリアにおける民族意識の弱さというユニークさが言及され、民族性にはとらわれないすべての人々による社会の構築を目指すという、第2章でみた包摂的アプローチの重要性が強調されていることも読み取れる。

2　モナシュ大学の場合

①　カリキュラム

モナシュ大学は、メルボルン市内から約20キロ南東に広大なメインキャンパスをもつ、オーストラリアで最も学生数の多い総合大学のひとつである。マレーシアはじめ海外数カ国にもキャンパスを設置し、国際教育にも積極的な大学として知られている。教育学部は、主に教育学研究を中心とする課程がクレイトンにあるメインキャンパスで、教員養成を中心とする課程がモーニングトン半島にあるフランクストンキャンパス等で展開されている。多文化教育に関する科目は、1年次の開講数16科目中、「社会と環境の研究：文化と社会」、2年次の開講数36科目中「クラスルームを超えて」、3年次の37科目中「職業、発達、アイデンティティ」「違いと共に働く」の2科目の中の一部分で、オーストラリアにおける文化的多様性に触れることができるようになっている。

4年次以降は、専攻がいよいよ細分化し、実施科目も数十を数える中で、多文化教育に関係する科目は、2名の講師によって展開されている[3]。まず、「社会教育：文化研究A」と「社会教育：文化研究B」の2科目が、エドワード講師によって開講されており、オーストラリアの多文化社会形成が歴史的に教えられている。「クラスの中の多様性探求」と「グローバル世界の先住民教育と伝統教育」の2科目は、マー講師によって開講されている。インタビュー時、エドワード講師は不在であったが、マー講師に詳しく話を聞くことができた。

モナシュ大学教育学部のひとつの特徴は、その大学院課程が充実していることで、英語を母国語としない人たち向けの英語教授法（TESOL）コースや英語以外の外国語（LOTE）教員養成課程、国際教育専攻課程等は、独立した研究組織をもつ国内有数のコースをもっており、日本を含めて海外からの留学生も多い。しかし、かつて国内をリードした国際教育研究センターを設立したレズヴィー教授は同学を離れ、やはり中心となって多文化教育に力を注いできたソリディス准教授は「もう多文化教育には予算も人もつかなくなってしまった」と述懐する。LOTE教員を毎年数多く育成してきたギアロン講師も、「文化的多様性への認識は、あくまで教員になるために必要なスキルのひとつである」という捉え方で授業を展開している。以上は、筆者が、旧知でもある同大学の当該スタッフと話す中で得られた情報であるが、今回はそれらを踏まえて、先述のマー講師にかなり踏み込んだ内容のインタビューを試みた。

② インタビューと考察

約1時間のインタビューから得られた内容のポイントは、次の点に集約される。

- 「多様性（diversity）」という概念を大切にしたい。アメリカの著名な多文化教育研究者S・ニエトの『多様性の肯定へ―多文化教育の社会・政治的文脈（Affirming Diversity-The Sociopolitical context of Multicultural Education）』を授業のテキストとして使用している。ハワード政権（当時）の政策の対象は明らかに白人層であり、その支配的な白人たちには、マイノリティを無視する特権が与えられている。教育学部の教員たちが、第1章でみたクリティカル多文化主義やG・ハージがその著書『ホワイト・ネイション』(Hage 1998=2003) 等で述べたことを支持しないのは、その種の行動を取るのがたいへん困難であるからにつきる。ゆえに、モナシュ大学教育学部の関連する学科目においても、一部の教員による「多様性」に焦点が当てられている科目と、そうでない科目が混在しているのである。
- 戦略的な本質主義と言っても、その戦略は誰が決めるのか？　現在の学科目を増やしたり、現職の教員に研修の新たな機会を増やすことには、ほとんど期待をもっていない。なぜなら、既に削られた予算とスタッフには限界があるからである。成功しつつある既存の科目やプログラムを優先していきたい。

彼女は、先住民教育（Indigenous Education）と多文化教育（Multicultural Education）とは同一に論じられないとしながらも、力関係に基づく差異という観点には共通項を見出していたようである。その上で、オーストラリアでは依然として人種差別が解消されていないという認識に立ち、自らの与えられた状況の中で、質の高い多文化教育を展開することしかないのではないか、と述べたのである。彼女からは、多文化教育に熱意をもたなくなった、周囲の教員に対する期待は感じられなかった。一方、限られた時間とエネルギー（彼女は、「自らの人生」とも言ったが）を大切に使いたいという姿勢が強く感じられた。

3 メルボルン大学の場合

① カリキュラム

メルボルン市内にあるオーストラリアで二番目に古い総合大学であり、その教育学部は、教員の養成と共に研究機関としても高い評価を受けている。学部のモットーには、特に「教育の世界の急速な変化に対応すること」が掲げられている。また、教員養成コースの7項目ある目的の二番目に、「オーストラリア社会の多様性、特に社会経済的階層、民族、ジェンダー、障害者と、それらの教育との関わりへの理解を深めること」という内容のフレーズがはっきり明示されているのは、今回の3大学の中では、メルボルン大学教育学部のみであった。

教員養成課程において多文化教育の内容が含まれる科目は、1年次の必修8科目中、2科目あり、「教育学1：子どもと学校、社会」では、学校と社会との関係、児童・生徒の社会生活を考察する中で触れ、「学習領域：社会と環境1」では、階級、文化、民族と人種が主要概念として取り上げられている。２年次も、必修８科目の中で２科目が多文化教育に触れており、「教育学２Ａ：教育理論と運用」では、民族的マイノリティとジェンダー問題の探求が主要学習内容に含まれており、「教育学２Ｂ：オーストラリア先住民研究」では、先住民について（歴史的な学習というより）現在のさまざまな問題を分析することが強調されている。

モナシュ大学では、多文化教育関係の科目は３・４年次の選択科目中にあったのに対して、メルボルン大学の場合は、１・２年次の必修科目の中に組み込まれていることが、違いとして浮かび上がった。逆に、３・４年次の選択科目では、全体の科目数自体、モナシュ大学ほど多くないが、多文化教育を主とする科目はなく、先住民教育や言語教育の科目の中で触れられているのが特徴である。その先住民教育においては、今回の調査では、メルボルン大学の「先住民文化と学習」のみが、先住民の若者文化について学ぶ項目として明示していたこと、言語教育では、英語やＬＯＴＥの教員になる者に対して、「言語と社会文化的差異の関係」をはっきりシラバスで取り上げている科目のあることなどが、特に目を引いた。以上のデータを基に、教育学部言語教育学科の現学科長であり、オーストラリアのＬＯＴＥ教育を牽引してきた指導者でもあるビアンコ教授に話をうかがった。

② インタビューと考察

約1時間半のインタビューから得られた内容は、次の点である。

- 「多文化」は二つの側面から捉える必要がある。状況としての多文化に関しては、オーストラリアは明らかに多文化社会であるし、程度の差こそあれ、現在は世界中が多文化社会だと言えるだろう。一方、理念や政策としての多文化に関して、すなわち多文化主義に関しては、それを嫌う立場、限定付きで認める立場、より積極的に推進する立場など多様な考えが存在する。ハワード政権は、労働党政権時代と比べるとはるかに多文化主義には消極的だが、多くのオーストラリア人が多様性を尊重する理念を受け入れている現在、それを否定する見解、例えば英国系の人たちの価値観を強要するような考え方は、もはや受け入れられないと考える。
- オーストラリアは、世界の中でも社会の多文化化への変化が最も急激な国であった。また、アメリカとは異なり、イデオロギー的論争を避け、現実的で人々の受け入れやすい形での多文化政策を実施してきたとも言える。しかし、ハンソン論争[4]や同時多発テロ以降、多文化主義に対して人々が不安を抱くようになったことも、また、アメリカのような二項対立的な議論が多く見られるようになってきたことも事実である。世界中で、多元主義的アプローチを支持する人たちが議論に敗れ、ひとつの価値や普遍的価値を信奉する人たちが支持を獲得しつつあるのが現状であろう。

• メルボルン大学で多様性を重んじる姿勢が強く打ち出されているのは、学内のリーダーシップがうまく機能しているからだろう。特に、現在の学長を含む過去3人の学長たちが、文化的多様性の重要さを認識し、大学の国際化を強く推進してきた経緯がある。それはまた、エリートを輩出する機関であることを意識し、かつエリートのひとつの資質として文化的多様性への認識の深さを求めようとした、メルボルン大学の方向性が示されたものだと捉えることができる。

• 具体的には、（筆者が上のカリキュラムの項で述べたように）教育学部の多くの学科目の中に多文化主義的な内容を統合させている。今後2年間のうちにすべての学科目で、文化の多様性に関する項目を取り入れたいと考えている。こうしたメルボルン大学の多様性を重んじる姿勢が、例えば先住民の学生を多く引き付ける結果になっていると思う。

以上は、従来のオーストラリアの多文化政策に対する一定の評価、並びにオーストラリアの多文化社会のユニークさに対する肯定的な捉え方、そして、現状を憂いつつも、かつてのような多様性が否定される社会への逆行は起こらないとの確信が表明されたものと捉えることができる。その上で、学長の強いリーダーシップのもと、メルボルン大学をエリート輩出機関として捉え、それ故に文化的多様性に対する意識の高い学生を育成することを目指していることがうかがわれた。その反映が、教育学部においてもカリキュラムの項でみたように、他の2大学との相違という形で現れていると考えられる。

3. まとめと展望

本章は、グローバル化への優れた応答のひとつとしての多文化主義が、最も先鋭に表出された事象でもある多文化教育を中心に考察したものである。考察に際し、まずオーストラリアにおける近年の多文化主義をめぐる公的な文書を検討し、政策やプログラムにおいて、理念的にはリベラル多文化主義の枠組の中で展開されているものが多いことを確認した。そして、オーストラリア・ビクトリア州、特にその教員養成課程である高等教育機関の教育学部に主たる焦点を合わせて分析を試みた。

本研究にはもうひとつの問題意識、すなわち英語圏を中心とする各国において多文化主義の見直しが求められる中で、多文化教育が一九九〇年代までのように積極的には実施されていない実態に迫りたいという目論見があった。リサーチの切り口として、政策文書、実際の教育の場での展開などさまざまなアプローチが考えられる中、今回は、この問題にかかわってきた研究者や教育者たちが、現在、教員の育成にどのように取り組もうとしているかに焦点を絞ったのである。

得られた結果から、各大学での多文化教育そのものが大きく変化しつつあること、また、どの担当者にあっても多文化教育を取り巻く環境の変化への認識の高いことが共通点としてみられた。ただ、それらの変化への対応は機関によってかなり相違すること、また、担当者の見解にもかなり隔たりのあることがわかった。その内容を繰り返すことは避けるが、まとめとして、重要な傾向であり今後の展望を考える上でも見落とせない点を、以下に記しておきたい。

第一は、既に繰り返し言われてきたが、多文化教育においても包摂的アプローチが勢いを増し、その影響下にある現象が見られることである。具体的には、多文化教育における「多文化」が、民族によるそれに留まらず、ジェンダー、世代、障害者へと拡大された結果、扱われる課題が民族集団から個人の問題へと転換される傾向である。さまざまな差異を克服し、「個」としてオーストラリア社会の形成に貢献しようとする規範を説く、最近の「シティズンシップ教育」は、そうした流れに位置付けられるべきであろう。同時にそれと重なり合う形で、伝統的価値を尊重する態度を育成する「価値の教育」も登場してきた[5]。折しも、競争原理に基づく教育の効果向上を目指す連邦政府は、教育大臣自らが「オーストラリアの学校のための価値の教育」を提唱し、論議を醸し出している[6]。これらの流れは、社会のマジョリティとマイノリティのバランスに配慮しつつ、個の多様性を重んじるという方向性から、一見、多文化主義とは相反しない展開のようにみなされたりもする。しかし第1章で触れたように、マイノリティとマジョリティの力関係が変わらないままで、差異の多様化を推し進めることは、逆にマイノリティから抵抗と異議申し立ての力を失わせていき、いわゆる主流化を加速させる。こうした傾向は今後しばらくはますます強まると考えられ、そのような中、例えば、今回のRMIT大学のように、「多文化」という用語を消し、「多国」あるいは「国際」という言葉に置き換えることによって、状勢の変化への適応を図るといったケースがさらに増えることも想定される。

第二は、上記と一見矛盾するようだが、多文化教育と理念を共有する個々の領域での教育の展開は、必ずしも低調になってはいないという点である。例えば多文化教育と多くの理念を共有できる先住民研究に関して（Stratton 1998）は、どの教育学部でも科目数は減っておらず、また、一部ではあるが積極的な試みが続けられているという報告もある（伊井 2005）。今回の調査で、モナシュ大学の担当教員の一人が積極的に多文化教育を実施していたが、その授業は先住民研究と並行する形で展開されていたし、メルボルン大学でも先住民研究が活発に展開される様子を垣間見ることができた。同様のことは、言語教育についても言える。もちろん、既に喧伝されているようにLOTEに対する予算や人員のカットは現実のことであるが、多文化教育関連の科目がなくなった場合でも、外国語教育科目はいずれの教育学部からもなくなってはいないのである。ただし、「多言語」と「多文化」では捉え方が異なる。今回のインタビューでビアンコ教授も述べたように、「言語教育は外国語として教えられるので、多文化教育と違ってマジョリティの脅威にはなりにくい」点を看過するわけにはいかないだろう。

第三に考えるべき課題は、それでは、多文化教育の今後にはあまり展望がもてないのかという、多文化教育の是非を問うような、大きな問題に関してである。この点に関しては、本調査のみで明確な見解を出すことは難しいと考えている。3大学における実態とインタビュー調査のみで一般化することは慎むべきであるし、今回の調査は、多文化教育を推進してきた立場の関係者を対象としており、立場を異にする教育関係者への調査がないことは、本研究の限界として当然自覚せねばならないからである。とはいえ、メルボルン大学の例では、大学や学部のトップが積極的にリーダーシップを取ることで多文化教育が推進されるケースを見ることができた。また、モナシュ大学のように、意識のある教員が担当科目の中で積極的に多文化教育を展開している例も確認できている。わずかな事例ではあるが、これらは多文化教育の盛衰にかかわる貴重な切り口を提供してくれるものと考えている。

本書の冒頭でも述べたように、一連の研究は、グローバル化の過程で多くの問題が惹起される中、多文化主義、中でも多文化教育がそれにいかに対応できるのかという問題意識をもって始められたものである。多文化教育の現状とそれを取り巻く環境は、上で見てきたように決して明るいものではない。その流れは、二〇〇一年の同時多発テロ以降いよいよ加速され、地域コミュニティや社会におけるマイノリティに属する人々への対応はさらに排他的傾向を強めており、日本においても、ナイーブな多文化共生論が説かれる一方で、日本固有の文化や伝統の保持を訴え、異質とみなすものを排除する言説が勢いを増している。しかし、ビアンコ教授がいみじくも述べたように、『多文化』をいかに消そうとしても、社会はますます『多文化』になり、人々にはそれに対応する必要が増大する」ことも間違いないのである。その試行錯誤を実に多様に展開してきた英語圏諸国、例えばオーストラリアについて、さまざまな角度から、その実態を丁寧に分析していくことの意義は、現在のこのような状勢においてこそ、なおさら大きいと言わねばなるまい。本章を閉じるにあたり、それを今後の課題として確認しておきたい。

注

1　以上の公的な文書におけるオーストラリア多文化教育についての詳しい分析は、馬渕（2006b）を参照のこと。

2　ＲＭＩＴ大学では、教育・言語・コミュニティサービス学部に、本章で取り上げた教育学科や言語・国際学科などが所属するという構造になっている。

3　学生は1年次に8科目、2年次に8科目、3年次に6科目プラス専攻以外から2科目選択、4年次に5科目プラス専攻以外から2科目選択を取得すると教育学士となる。ただし近年は、経済・法・文学部のいずれかと教育学部の双方の卒業資格が得られるダブル・ディグリーという課程に入る学生が多く、その場合、教育学部から取得する科目数はさらに減ることになる。

4　ハンソン論争とは、一九九六年連邦議会選挙で当選したポーリン・ハンソンの先住民や移民に対する差別的発言と、それを端緒とするさまざまな議論のことである。一九九七年に入ると、ハンソンとその共鳴者を中心に「ワン・ネーション」党が設立されるなど、失業問題を中心とする当時の社会的不安を背景にその影響力は大きくなったが、同時に同党やハンソン自身への批判も当初から幅広く見られ、一九九九年以降は同党の発言力は低下し、論争は自然消滅の様相を呈するようになった。

5　以上については、飯笹（2005）に詳しい。

6　例えば、二〇〇五年八月五日のメルボルン・エイジ紙は、連邦政府による、児童の成績がランク付けされる成績通知表に、ビクトリア州が反対していること、また、連邦教育大臣の提唱する「オーストラリアの学校のための価値の教育」にも、疑義を挟む記事を掲載している。

第1部のまとめ——多文化共生の課題

ここまで多文化主義について、その理念的検討とオーストラリアを具体例とした動態の検討を試みてきた。ただ、日本の国内では現在、多文化主義よりむしろ多文化共生という言葉がより広く用いられるようになっている。その点に触れて、第1部を締めくくりたい。

「多文化共生」という言葉は、一九九〇年代から徐々に使われ始め、今世紀に入り多用されるようになった。従来、国内では「異文化」や「異文化間」という言葉は使用されても、「多文化」という言葉は、あまり用いられてこなかった。「異文化間教育」や「異文化コミュニケーション」などの言葉が、一九八〇年代より四半世紀にわたって用いられ、行き渡っているのに対して、「多文化」を含む言葉は、国内でははるかに歴史が新しい。筆者もかつて、海外での多文化という言葉が、国内では異文化という言葉に置き換えられて使われている場合が多いとの指摘を行なっている（馬渕 2002）。

そのように、「多文化」という言葉は、海外の英語圏諸国で70年代から既に多用されていながら国内では長く浸透しなかったが、「多文化」に「共生」という言葉をつけた「多文化共生」という、日本独特の使われ方で登場してきたことにより、変わり始めたのである。川崎市の在日韓国・朝鮮人集住地域を中心とする多民族、多文化共生へのさまざまな取り組み、そして95年の阪神・淡路大震災の折に外国人被災者への支援を始めたことから生まれた多文化共生センターの設立などが、その言葉の浸透に資していくことになる。

しかし、第1部で検討してきたことは、多文化共生という言葉と、それを冠して実施されているさまざまな試みに、看過できない検討を突き付けるのである。それは、言葉の問題に止まらない重要な視座を提供するものだと考える。

まず、「共生」といういわば誰もが反対できないような、かつ強い願いが込められた言葉について注意を払う必要があろう。言い換えれば、「共生」という言葉が、それを標語にして個々の取り組みを懸命に進めてきた人たちの思いにもかかわらず、根本的な問題を隠蔽してしまう「言説」となってしまう危険性とも言える。「共生」概念そのものについては、既に花崎（2002）や戴（2005）などによって、詳細な検討が試みられている。しかし、ここで注意を喚起したいのは、そうした概念の規定についてというより、この言葉が広く介在することに伴う使われ方についてである。それは、かつて「異文化理解」という言葉が辿った経緯を振り返ることによって見えてくるかもしれない。

「共生」が語られ、説かれる際には、次のようなフレーズが多用される。「異なる文化を理解し、受け入れることによって、共に生きることができる」(金 2007)。従来の「異文化理解」、あるいは「国際理解」という言葉も、まさに同様の規範的表現によって説かれ、語られてきた経緯がある。しかしこの「異文化理解」という概念や標語は、既に四半世紀にわたって広く行き渡ってきたにもかかわらず、その結果社会がいわゆる「異文化」に寛容になり、その理念の目指すところの「受け入れ」が進んできたかというと、大きなクエスチョンマークを付けざるを得ないであろう。筆者はここで、「共生」や「異文化理解」の理念そのものを否定しようとして、このような議論を展開しているわけではない。それでも、なぜそれらの「言葉」のもとに進められる試行錯誤が、一部にしか浸透しないのか、また、時が経つにつれ、強い共感を伴わなくなる危険性を内包するのかについては、真剣に考える必要があると思うのである。

さまざまな検討や考察が可能である中で指摘したいのは、それらの言葉がもつ表面的な美しさに隠れた落とし穴である。それこそが、こうした問題の根底にある「力関係」への視座を見失わせる元凶のひとつではないかと考えるのである。「共生」も、「異文化」と同様に、ただ単に「民族や集団の間で行なわれる営み」と捉えてしまうと、そうした「力関係」に基づく構造的差異への視点が、すっぽり抜け落ちてしまう危険性がある。特に教育の場で、あるいはこうした差異に従来気付かなかった人たちと共に活動を進めていこうとする際に、この問題は表面化する。さらに、「共生」という言葉は、例えばこれまで差別を受けてきた当事者の人たちから発せられるのかということも、大切な問いかけとなろう。日系人の研究者であるハタノ(2007)は、「共生を語るのは、マジョリティ側であり、マイノリティは語らない」とさえ断じている。

このように考えてくると、「共生」という、日本国内でこれまで用いられてきた言葉に潜む問題性が浮かび上がってこよう。「言葉の問題は、さておき」といった声を聞くこともあるが、言葉のもつ力を侮ってはならない。社会構造を変革することを考えるなら、同じような意識をもたない人たちから共感を得ることが不可欠であり、そのためには、人々を動かすパワーのある言葉、表現が必要だからである。もちろん、実際の営みや活動がなければ、これらの議論は意味をもたない。それでも、そうした活動がなかなか広い関心を呼ばず、ここまでみてきたように、ともすれば収斂しようとする傾向が拡大する中で、ひとびとにインパクトのある言葉を提示することは実に重要だと考えるのである。

では、「共生」や「異文化理解」以外の言葉がなにか考えられるのだろうか。ここでその問いに十分に応答できるとは思わないが、例えば「在日外国人の問題」などのように、少なくとも具体的に課題を明示する言葉を使用するべきだと考える。「外国人」という言葉に、排斥や軋轢をもたらす負の要因があること、また「外国人」と一括りにはできない問題があることなどについては否定できない。しかし、こうしたことを検討する際には、まず「対抗軸がどこにあるか」を明確にして取り組むことが不可欠だとも思うのである。例えば「外国人の参政権」「外国人児童・生徒の不就学」という現実の課題を正面から議論することによって、マジョリティの人々には抵抗や葛藤が生じるだろう。しかし、そうしたプロセスを経ない限り、こうした問題は、いつまで経っても社会の片隅でのみ顕在化している問題として片付けられていくのではないだろうか。

以上が「多文化共生」に関する筆者の考えの一端である。ここまでみてきたように、日本国内より、はるかに大きな規模で展開されてきた英語圏諸国、例えばオーストラリアの多文化主義への試みが社会に埋没していこうとしている現状を見るにつけ、その思いを強くする。お題目としての「多文化共生」は早晩、その影響力を減じていくであろう。「多文化共生」の実現のために、与えられた課題は大きい。

第2部　異文化理解の陥穽

第1部では、多文化主義に基づく社会を作り出すこれまでの試みに関して、理念的な観点と、どのようにまなざし、実施されてきたかの実際について振り返り、分析を試みた。第2部で取り上げるのは、異文化理解にかかわる事柄である。

1部のまとめで述べたように、日本国内では従来、「多文化」という言葉を避け、「異文化」を多用してきた傾向がある。すなわち、「日本文化と、それとは異なる文化」という図式化や把握の仕方で文化間をめぐる問題を捉え、考察してきた経緯があるのである。

ここではまず、これまで多用されてきた「異文化理解」という考え方のどこに問題性があるのか、それが顕著にみられる例を二つ取り上げたい。そのひとつは、国内の英語教育における「文化の捉え方」である。学校教育段階から多くの日本人が英語の習得を目指しているわけだが、そうした際によく説かれるのが、「英語話者のもつ文化的背景を理解することが必要である」との言説である。第4章では、英語学習者が言葉の背後にあるとされる「異文化」に出会う際、それをどのように捉えるべきかを示している教科書を題材にして、「異文化理解」に潜む問題点を考察する。

もうひとつのテーマは、「異文化」と意識的に、あるいは無意識に対比される「自文化」―多くの場合それは「日本文化」とみなされるわけだが―をどう捉えようとしているかについて考察することである。従来、日本人論と呼ばれてきた一連の言説は、「異文化理解」のまさに裏返しとして、「自らの文化をどう捉えようとしてきたか」を考察する上での優れた事例となりうる。第5章では、日本人論の根本的な問題点を三つの観点から指摘する。

第2部では、先の第1部と異なり、まず具体的な事例を取り上げた後に、そのような文化の捉え方の背後にある言説や考え方の問題性に迫ることを試みる。そこで浮かび上がったことのひとつは、「日本文化」対「異文化」といった二項対立的な文化観である。第6章では、「異なる文化を自らの文化と比べて、優れている、あるいは劣っているなどとみなすことなく、互いの違いを認め、理解することが大切である」という、いわゆる「異文化理解」の考え方に潜む問題性を正面から取り上げる。言い換えると、そのような（異）文化の捉え方が、お互いの理解や連帯をいかに阻害してきたかについて再考するのである。ここでは公的な文書と、それに文化仲介者と呼ばれる知識人たちがいかに応答しているかを検討することを通じて、分析を試みた。

上で述べた検討と考察には、共通する視点がある。それは文化を本質的に捉える見方である。いわゆる文化本質主義の問題点については、既に数々の文献によって指摘されてきたので、ある人たちにとってこの第2部の議論は、これまでに幾度も聞かされてきたことの繰り返しになるかもしれない。しかし、たとえそうだとしても、一部の研究者の間では半ば当然の見解とも言える文化本質主義の問題性が、そのような視点をもたない多くの人たち、また研究者間においてすら、依然としてほとんど考慮されていないという現実が厳然としてある以上[1]、「異文化理解の必要性」を題材に、本質主義の問題を再考することには、意味があると考える。

ではそうした根強い文化本質主義に対して、果たして有効な手立てが考えられるのかという「問い」も、当然のことながら生まれてくるだろう。第6章の後半では、文化本質主義からの解放の萌芽について、特定のコンテクストではあるが、その可能性に触れている。この大きな「問い」に対する筆者自身の試行錯誤については、続く第3部で詳しく述べたいと思う。しかし、そうしたプロセスに移るためにも、さらに昨今、「国民性」や「県民性」までもをめぐる議論がますます活発化する状況を見るにつけ、まず「異文化理解」に潜む本質主義の問題を明確にしておくことの大切さを確信するのである。

注

1　かつて筆者が分析したような（馬渕 2006c）教育の世界に留まらず、ビジネスにおけるマネジメントやマーケティングを扱う研究書においても、その傾向は見られる。例えば、『異文化の波——グローバル社会：多様性の理解』（Trompenaars・Hampden-Turner 1998=2001）、『文化の力——カルチュラル・マーケティングの方法』（青木　2008）などの文献では各国の文化は根本的に異なるという前提に基づいて、ビジネスに関するすべての議論が展開されている。類書においても文化本質主義の視点へ留意を促すような文献は、筆者の管見する限り見当たらない。

第4章　英語教育にみられる文化の捉え方

はじめに

日本の英語教育において、「文化」はどのように扱われているのだろうか。中学校の学習指導要領』（文部科学省 2003a）は、「外国語を通じて、言語や文化に対する理解を深める」ことを、目標のはじめに掲げている。また、『中学校学習指導要領解説―外国語編―』（文部科学省 2004b）では、次のような説明を加えている。

（これは）そのことばの背景にある文化への理解を深めることの重要さを述べたものである。これらはコミュニケーションを図るうえでも重要な働きをするものである。また、そのことを通して、同時に自分たちの文化への理解の深まりが期待される。

同解説書にはさらに、教材を選ぶ際に配慮する観点として「世界や我が国の生活や文化について理解を深めるとともに、言語や文化に対する関心を高め、これらを尊重する態度を育てるのに役立つこと」という記述がある。

これらから、我が国の英語（外国語）教育[1]において、「世界や日本の文化についての理解を深め、それを尊重すること」が、欠かすことのできない目標として掲げられていることがわかる。しかし、そこで言われている「文化を理解する」とは、どのような意味で使われているのであろうか。「理解を深める」あるいは「尊重する」とあるが、それはどのような状態や過程のことを意味するのだろうか。本章は、このような「問い」に対するひとつの試論を提示するものである。同時に、そこで言われている「文化」はどのように捉えられているのかについても考察を試みる。

以下では、まず高等学校の学習指導要領が、「文化」についてどのように取り扱っているかを考察したい。続いて、指導要領に基づいて出版される各教科書における文化の扱い方を検討し、さらには、そうした教科書の中で特に多く使用されているものを選び、そこにみられる文化の扱い方を考察するという順に、議論を進めていくことにする。

1. 高等学校の学習指導要領

現在国内では、高等学校での後期中等教育がほぼ義務教育化しているという実態、また、それ以降の教育における語学学習はさまざまな点で実に多様化していることなどを考えると、国内の多くの人にとって、高等学校での英語教育は、少なくともその目標や教材の基本的な枠組を共有できる意味のある事例になりうると考えられる。そこで、本節では『高等学校学習指導要領[2]（以下、指導要領）』（文部科学省 2003b）と『高等学校学習指導要領解説　外国語編、英語編（以下、解説書）』（文部科学省 2006a）の2点を中心に、英語教育の目標における「文化の捉え方」をみていく。

ここで注意したい点がひとつある。高等学校教育においては、「普通教育に関する各教科」のひとつに「外国語教育」があり、「専門教育に関する各教科」のひとつに「英語」があげられている。しかし、上記「普通教育に関する各教科」としての「外国語教育」の範疇に入る6つの科目は、すべてが「リーディング」など「英語」の科目である。また、補足説明として、「英語以外の外国語に関する科目については、英語に関する各科目の目標及び内容等に準じて行なうものとする」との記述があることから、高等学校教育における指導要領においては、外国語教育と英語教育を峻別する必要はほとんどない。よって本章では指導要領に外国語教育として記述してあるものを、英語教育に関する記述として扱うこととする。

さて、指導要領によると高等学校における「英語教育の目標」の第一は、「言語や文化に対する理解を深めること」とあり、この点は中学校におけるそれと変化はない。では、そこで言う「文化に対する理解」とは、何を指すのであろうか。解説書には、「国際化が進展する中にあって、異なる文化を持つ人々を理解し、個人や日本人としての自分を表現することを通して、それらの異なる文化をもつ人々と共に協調して生きていく態度に発展していくものであり、極めて重要である」（11頁）との説明がある。すなわちそれは、まず「異文化に対する理解」と捉えられている。これについては専門教科としての「英語」の解説にも、従来の「外国事情」を「異文化理解」に改めたという説明があることからも確認ができる。

「文化に対する理解」は、「異文化理解」を意味するのだということについては、この後考察するが、ここで留意しておきたいのは、次のような説明が併記されていることである。それは、「そのような学習を通して、日本語や日本の文化との比較が行なわれ、日本語や日本の文化についても理解が深まる」というもので、言い換えると、「英語学習を通じて、異文化理解と共に、日本文化への理解も深まる」ことが期待されているということになる。この「異文化理解」と「日本文化理解」の併置、同時追求の姿勢は、文部科学省の方針として常に変わらないことをまず指摘しておきたい。かつて文部科学省（当時は、文部省）は、白書を発行せず、代わりに『我が国の文教施策』という政策文書をほぼ5年ごとに発行してきたが、それが毎年発行されるようになったのは、一九八八年以降である。今から約20年前に発行された、白書に相当する政策文書に、「人々の生活や考え方までを含めた広い意味での文化の相互理解が不可欠であり、その土台として自らの文化を十分に理解していることが必要である」（文部省 1988）という説明が見出せるのである。

政府が、国民教育の一環として進めていく学校教育において、「自国の文化への理解」を強調することは、何も不思議ではない。ある意味で、それは当然のことであろう。しかし問題は、それが「英語教育」のねらいとされ、かつ「異文化理解」と併記して掲げられていることにある。そこには、「異なる文化への理解」が深まることが、「自文化に対する理解」との間で往々にして葛藤を生じることなどへの検討はほとんどなされていないことが読み取れる。あるいは、仮に葛藤や摩擦が生じても、そこに「協調」とか「共生」という理念的な概念をもち込むことで解決が図られるという、実に規範的な見解に基づいているということが指摘できるであろう。そのことは、解説書が、「このような学習を通して、………（中略）………文化に対する感受性を高め、ひいては、広い視野をもち、国際感覚や国際協調の精神の育成につながることを意味している」（11頁）と述べていることからも明確に読み取れる。

次に検討したいのは、上述したように英語教育における「文化理解」が「異文化理解」と言い換えられることについてである。果たして、その内容はいかなるものなのであろうか。この点に関しては、「専門教育」の中に設置されている「異文化理解」という科目の解説が参考になる。そこには、

「『異文化理解』は、英語科の教科の目標のうち、『言語や文化に対する理解を深める』ことを受けたものである。英語科の科目の中でも特色のあるもので、英語を通じて、外国の事情や異文化について学習させ、理解を深めるとともに、異なる文化をもつ人々と積極的にコミュニケーションを図るための能力や態度の基礎を養うことをねらいとする科目である」(同一一〇～一一一頁)。

となっている。また、「(英語科における)各教科にわたる指導計画の作成と内容の取り扱い」の項で同解説書では、「異文化理解」は、「総合英語」と共に、原則として英語科で学ぶすべての生徒に履修させること、とされている。これは、専門教育の英語科における科目での異文化理解についての取り扱いを説明したものではあるが、いかに文部科学省が「異文化理解」ということを重視しているかを表わすよい事例だと考えられる。

しかし、問題はその中身であろう。二つの点が指摘できる。まず第一は、異文化への理解が、異なった文化、端的に言うならば「外国の事情」への理解を深めることと捉えられていることである。第二は、その一方で先述の解説書には、新しい捉え方の萌芽も認められることである。

第一の点は、解説書における「異文化理解」にかかわる項目をみれば、より明らかになる。そこには五つの項目があげられている。列挙すると、以下のとおりである。

日常生活：外国の人々の衣食住をはじめ、家庭生活、学校生活など広く日常の生活に関することや、ものの見方、考え方を扱う

社会生活：ここでは主に日本や世界で日々起こっている事象を取り扱う

風俗習慣：外国で一般に行なわれている習慣、年中行事及びその由来や意味、また、外国の人々の間に伝えられ親まれている民話、童話、伝説、ことわざ、童謡などを扱う

地理・歴史：外国の地勢や気候など自然環境及び産業、交通、観光などに関すること、また、外国の歴史、歴史上の出来事などに関することを扱う

科学：外国における科学の成果や発展状況などに関することを扱う

つまり、「英語教育」における「文化」の扱いとは、「外国（海外）事情に通じること」とほぼ同義であると解釈してもよいだろう。換言すれば、「外国に関する知識を増やすこと」イコール「文化を理解すること」というわけである。

他の国の文化を知ること自体を、意味がないと否定する必要はない。問題は、それが「文化」を理解する、あるいは理解したことになるのかという点である。これまでにも述べたよ

うに、そもそも日本語の「異文化」という言葉自体が問題をはらんでいる。すなわち、「異なる」ことが前提として、「異文化」という表現の中に厳然と存在しているのである。そこでは、教える側も教えられる側も、「さまざまな文化の相違」に異常に焦点を合わせることが求められる。さらに、そこでの「文化」はほとんどの場合「国単位」で捉えられ、考察されることになっていく。いわく、「アメリカ文化」と「日本文化」、「英国文化」と「中国文化」等々という比較文化論である。[3] 国を単位にしない文化のさまざまな多様性（例えば、同じ国の中でも世代や地域、あるいは性別や生活レベル等によって、まったく異なった生活の仕方、価値観や考え方があるという点）や、このように文化を本質的に見ることから生じる問題点（それこそが、いわゆる異文化理解がなかなか進展しない大きな障害の要因のひとつである）等についての視点は、誠に希薄だと言うほかはない。

しかし、解説書には、上で述べた問題点への留意点も盛られていることに言及しておかなくてはならないだろう。それは、以下のように説明されている。

科目の名称が「外国事情」から「異文化理解」となったのは、言語や文化の単位が政治的な組織としての国家ではないこと、また、個人のレベルのコミュニケーションにおいては、国家についての理解だけではなく、そこに日常的に暮らす言語や文化の異なる人々についての理解も大切であることによる。………（中略）………単に外国の事情や異文化について知っているということは、必ずしもそれらを理解したことにはならないということに注意しなければならない。自国の事情や自分の文化と異なっているものについての知識は、かえってそれらに対する偏見を助長する場合があるからである。（一三三頁）

まさに、国単位の文化比較の陥穽を取り上げ、適切に指摘した表現であろう。では、そうした「国」を分析単位とする「文化の捉え方」が、実際の教材には、どのくらい盛られているのだろうか。それが次に考察すべき問題である。以下では、指導要領に基づいて編集される教科書を取り上げて、その実態の一部に迫ることを試みる。

2. 教科書における傾向

今回の調査では、市販されている中等教育における英語の教科書を調べようとしたのだが、正直なところまずその数の多さに驚かされた。中学校ではさほどでもなかったが、高等学校における英語の教科書数を科目別に見ると、まず英語Ⅰが37冊、英語Ⅱが34冊、オーラル・コミュニケーションⅠが21冊、オーラル・コミュニケーションⅡが6冊、リーディングが25冊、ライティングが23冊に上った。

文部科学省の考える教科書の採択基準には、以下のような考え方が存在する。

「教科書は生徒に英語を話す国民、特にその生活様式・風俗および習慣についての知識と理解を与えるべきである。英語を話す国民の経験ならびにその考え方・概念・感情・教養および民主主義を取り上げるべきである」(文部科学省 2006b)

では、実際にそれぞれの教科書で「文化」はどのように扱われているのだろうか。本調査では、「二〇〇七年度高校教科書採択状況—文科省まとめ」(時事通信社 2007) を利用して、まず各科目から採択冊数の順位がそれぞれトップの6冊を選び、その中で「文化」について扱っている箇所を抽出して考察することにした。

第一は、オーラル・コミュニケーションIの教科書『Hello there!』(石田ほか 2007) である。同書では、「自己紹介、友達の紹介」「好きなことについて」「食べ物や健康について」「自分の住む街について」「将来について」という六つのトピックの中で、生徒の日常に密着した世界をテーマにコミュニケーションを図らせようとする内容である。また、特に「文化」に焦点を絞ったものとしては、“Cultural Tips”というセクションが6項目にわたって掲載されており、その取り上げるテーマは、「星座について」「サマータイムについて」「アメリカの日本食事情」「合衆国の州によって法律が異なる事情」「“What a shame”等の表現のもつ意味」となっている。そして、巻末に日本の名所を紹介するページが付いている。この教科書では、あくまで生徒がコミュニケーションを積極的に展開するための材料として「文化」を扱う姿勢が徹底しており、また、彼／彼女たちの関心を引くものならば、どのようなものでも活用しようという編集方針が特徴である。

オーラル・コミュニケーションIIの『Open Door to Oral Communication』（末永ほか2007）では、少し様相が異なる。15からなるレッスンで構成されているが、その内容はアメリカの紹介という視点で一貫している。また、特に文化事項を扱ったものとして、計5項目の“SNAPSHOTS”というセクションがある。そのテーマをみると、「サンフランシスコの名所・名物」「アメリカの高校生の催し・スポーツ」「アメリカのショッピング・ファーストフード店」「アメリカの行事・風習」「ヨセミテ国立公園・上高地」となっており、まさに先述の指導書における「外国（この場合はアメリカ）事情の紹介」という姿勢を忠実になぞったものになっている。

英語Iと英語IIの教科書は、共に三省堂の『CROWN』だったため、同時に取り上げる。特に「文化」に関する事項のみに焦点を絞ったセクションはないが、全編にわたって登場する「文化」に関する内容を拾うと、まず『CROWN English Series I』（霜崎ほか 2007a）では、第1課で5名の文化背景の異なる人物を紹介した後、第3課ではエジプト、第4課ではハワイが取り上げられる。さらに全編にわたって、自然とかかわる人物や写真家の紹介等で、世界各地の様子が紹介されている。『CROWN English Series II』（霜崎ほか 2007b）では、第1課で東洋と西洋の比較、第2課ではオーストラリのアボリジニの紹介、第3課はスリランカの医療活動、第6課はシンガポール英語についてと、各課で「文化」を取り上げている。この三省堂の教科書における「文化の捉え方」については、後述のリーディングの教科書を取り上げる際に詳しく検討する。

　ライティングの教科書は、『PRO-VISION』（萩野ほか 2007）である。同書では32のトピックスが挙げられているが、基本的には、生徒の身近なテーマを題材に英語表現の力を付けていこうという編集方針になっており、21課の「異文化を理解する」、24課の「日本発の大衆文化」、27課の「相撲社会の伝統」、29課の「日本の昔話」、30課の「日本と韓国、2つの文化」が「文化」を中心テーマにした内容になっている。このうち24、27、29、30課の4つは「日本再発見」とでもいうべき内容であり、指導要領にある「そのような学習を通して、日本語や日本の文化との比較が行なわれ、日本語や日本の文化についても理解が深まる」ことを目指した単元だと言えよう。また、21課の「異文化を理解する」は、「異文化理解」を正面から取り上げたものであり、興味深い。この教科書の各課には、まずいくつかの模範となる例文が提示されているのだが、21課の8つの例文中に以下のものが見出される。

　パリで犬専用のトイレが通りにあるのを見て驚きました。

　南米の熱帯雨林が消滅しつつあるのは、とてもショックです。

韓国ではスプーンを使ってごはんを食べているのには驚きます。

驚いたことに、マレーシアでは、マレー語、中国語、英語などいろいろな言葉が話されています。

全体の半数が、驚きを表現する材料として「異文化」を用いていることがわかる。これを率直な用例と捉えることもできるかもしれないが、文化本質主義への視点が欠如しており、ナイーブなオリエンタリズムの表出と言えるかもしれない。

本章では最後に、6種類の教科書から、「文化に関する」最もまとまった量のある記述が盛られている「リーディング」の教科書、『CROWN English Reading』(霜崎ほか 2007c)を取り上げ、同書に見られる文化に関する記述を検討、考察することにした。同書は、先の同じ出版社による『CROWN English Series I』や『CROWN English Series II』と、基本的には同様の方針で編集された教科書である。合計12のレッスンがあるが、その中で特に「異文化理解」を内容として扱っているものは、Lesson1の「Saying the Same Thing in Different Ways」とLesson5の「Interview with Ichiro」の二つであった。以下では、「教科書」「解説と指導編」「題材資料編」「授業案集」の4点を資料として使いながら、Lesson1ならびにLesson5で、異文化理解についてどのような視点やアプローチで捉え、教えようとしているかをひとつのケーススタディとして具体的に分析する。

3. リーディング教材

はじめに、第1課の「Saying the Same Thing in Different Ways」の概要を「教科書」によってみてみよう。まず、ロスアンゼルスから東京へ行く機内で、日本語話者に対するときと英語話者に対するときとでは、客室乗務員が同じ内容の文をまったく異なった表現で話すことが描かれる。続いて夕食に招かれた場合を想定して、やはり英語話者と日本語話者ではお礼の言い方が異なるという例が取り上げられる。これらのエピソードの後で、本教科書は、「英語話者は言葉で内容を非常に詳細に述べる傾向があるが、日本語話者はおおまかに述べる」と指摘し、最後に「英語話者と日本語話者では、往々にして同じ状況について述べるのに異なった方法を採る。英語話者はふつう話者に焦点を当て、はっきりと詳細に状況を述べるが、日本語話者はこれを不必要とみなす」と結論付けるのである[4]。

教科書と同じ出版社から出されているこの教科書の「解説と指導編」「題材資料編」「授業案集」などでは、この課の内容をどう位置付け、捉えているのだろうか。まず、「解説と指導編」によれば、第1課のねらいは「ある言語を用いるには、その言語の背景にある文化と習慣を理解しなければならないことに気付くこと」とされている。そこには、言語と文化は切り離すことができないという考え方が明確に現れている。確かに、言語とその言語が話されてきた文化に密接な関係を示す事例には事欠かないであろう。しかし、それはどのような時点での、またどのような状況での事例かによって大きく異なってくるものでもある。言語は絶えず変化しているし、また、同じ言語を使う人々も多様化の度を強めている。まして、英語のように現在多くの地域で使われ、かつ変化してきた言語に対して、この教材の「英語の背景にはアメリカ文化（の一部と想定されているもの）がある」という一面的な捉え方は、多くの問題をはらんでいると言わざるを得ないであろう。

「題材資料編」になると、次のような説明が繰り返される。まず、日本語の人称代名詞の使い方は特殊であるという例が、英語との比較のみで述べられる。次に日本語の特徴として、人を示すのに直接名前を使うことが少ないことが挙げられ、その事例として万葉集が挙げられている。続いて、さまざまな「あいさつ」「婉曲表現」「やりとりの表現」などにおける日本語の特徴が断片的な例によって示され、最後に、「言語の違いは、文化の違いである」と結論付けられている。この箇所の説明で使われている例はわかりやすいものではあるが、少し考えればわかるように、筆者がすべて自論に都合のよいものを集めてきた、いわば「エピソード」の羅列である。年代的にも古代の日本が登場したり、あるときはアメリカと、またあるときは中国との比較が断片的に行なわれたりしており、統計的なデータや実証的な調査結果は示されていない。また、「日本語」対「他国語」（この場合、他国語はほぼ英語である）、「日本文化」対「英語文化」という二項対立的な視点のみが強調される反面、両者に存在する多様性や変化についてはほとんど関心が払われていない。まさに、静態的に捉えられた「文化」の比較に終始している内容だと言えるだろう。

「授業案集」でも同様のことがみられる。まず参考文献として、ホールの『文化を超えて』(E. Hall 1976=1979) が多用されているが、そもそもこの第1課のベースとなっているのも、ハインズ著『日本語らしさと英語らしさ』(1986) というかなり古い本であり、他の参考文献にも出版後10年以上経ったものが並べられている。授業案では、教師と生徒の問答がモデルとして提示され、そこでは教師が二つの内容を力説している。一つ目は、「日本人が農耕民族であるのに対し、欧米人は狩猟・牧畜民族である」という古典的な二項対立概念であり、二つ目は、先述のホールによる「東洋・アラブ世界がハイ・コンテクストであるのに対し、欧米は、ロー・コンテクストの世界である」という説明である。ホールの解釈は、かつて異文化コミュニケーション論では広く喧伝されたものであるが、その文化本質主義的視点へは指摘や批判があるにもかかわらず、解説では触れられていない。

以上からこの第1課では、徹頭徹尾、日本語と英語の違いが「日本文化」対「アメリカ文化」という図式で提示されたということになるだろう。もしこれらが、「解説と指導編」「題材資料編」「授業案集」の言うとおりに教えられるならば、文部科学省が言うところの「英語の学習を通して言語や文化への認識が客観的に深められ、異文化理解が深まることに繋がっていく」とは、極めて単純な文化本質主義に拘泥しない限り、成立しにくい考え方であろう。それどころか紋切り型の安直なステレオタイプが大いに助長され、逆効果の可能性すら考えられるのである。

この教科書で、異文化理解を正面から取り上げているもうひとつの課は、Lesson5の「Interview with Ichiro」、である。まず「教科書」と「解説と指導書」から、その内容を見てみよう。この課では、『菊とバット』を書いたホワイティング（Whiting 1983=1991）によるイチローへのインタビューが題材になっている。ホワイティングは、日米の相違に関する質問を、イチローに繰り返し試みる。まず、現在のイチローと渡米前のイチローでは、マスコミの取り上げ方が異なるという点からインタビューが始まるのであるが、イチロー自身は、渡米後のファンの関心の高さを「メジャーリーグで野手としてプレーする最初の日本人」だったからだと、自らを分析する。次に、アメリカでのキャンプに比べて、日本のそれはずいぶん厳しかったのではないかという質問が出されるが、イチローは、アメリカでのキャンプが楽だとはまったく思わないと答えている。その後、ホワイティングは、恐らく彼が最も聞き出したかったこと―野球を通してみた日本人とアメリカ人の相違をイチローに質問し、「アメリカ人は個人主義、日本人は自分の気持ちを隠す」という回答を引き出し、『巨人の星』とイチローの比較について語ってこのインタビューを締め括っている。筆者のホワイティングが、サムライ・スタイルの野球、「和」こそ日本野球の根底を流れる精神であるという自説にイチローを執拗に引き込もうとするのであるが、イチローの方は、「日本」対「アメリカ」という図式よりは、彼個人の気付きに基づいて国単位の文化比較に過度の一般化をせずに応答していることが、丁寧に読めば読み取れる内容となっている。

しかし、「題材資料編」では、「スポーツの世界にみる文化比較」と題して以下のような解説がなされている。曰く、①アメリカのプロ野球チームは「会社」であるのに対し、日本の野球チームは「家族」である。②アメリカの選手は個人練習に没頭するが、日本の選手はチームプレーが綿密でミスも少なく、相手チームの戦力を熱心に研究する。③それらの背景には、アメリカの個人主義と日本の集団主義がある。④アメリカ人は純粋にゲームだけを楽しむが、日本人はファン同士の結束力を感じて楽しむ。⑤アメリカ人の合理精神に対し、日本人の武士道精神があり、その二つは決して交わることがない。⑥そして、イギリス（が突然登場する）のサッカーファンには誇りはあるだろうが、礼や型を重んじる武士道精神というべきものはないと述べ、「それぞれの国の文化はスポーツの中に明確に表れてくる」ものだとして解説を締め括っている。

以上のことから、この第５課の教材作成者のねらいが明確に読み取れるであろう。すなわち、

「授業案集」には、授業のねらいとして「野球をとおして、客観的に日米の違いに対する理解を深める」と述べられているが、要するに日本とアメリカ合衆国に関して、筆者の思いついたエピソードに基づく説明を、この上なく強調する編集意図となっているのである。

しかし、もし同じようにエピソードに基づくならば、反論することは難しくない。例えば、「試合前に国歌を斉唱することに象徴される歴史あるアメリカの野球に、礼や型はないのだろうか」、「アメリカを始め英語圏で生まれたスポーツは、野球、バスケットボール、フットボールなどいずれもが、チーム対チームの集団プレーを要求するものであるのに対し、日本古来の競技は、相撲、剣道、柔道など個人対個人の格闘技ではないのか」等々、いくらでも挙げることができよう。ここで重要なのは、日米のどちらかが集団主義的であるとか、個人主義的であるという議論なのではない。より大切なのは、二項対立的な「文化観」、そして「異文化理解」が、まさに文化に対する多様性への感受性を低下させ、固定的、陳列的、反当事者的な「文化の捉え方」を助長してしまうことへの自覚の無さなのである。

4．考察とまとめ

本章では、国内の英語教育における「文化の捉え方」について、中等教育を主な領域として考察を試みた。取り上げたのは、文部科学省の学習指導要領とその解説書、それに基づいて編集されている実際の教科書である。さらに、よく用いられている教科書の中で「文化」をテーマにした内容の箇所を選び、そこで「文化」がいかに取り上げられているかを考察してきた。

得られた知見を振り返ると、まず学習指導要領等の文書では文化理解の重要性が説かれるが、それはいわゆる異文化理解のことであること、かつそこで言われる異文化理解とは、英語圏を中心とした外国事情の学習を指すものがほとんどであることがわかった。また、異文化理解と同時に、日本や日本文化への理解も、英語学習を通じて推進すべきだとのねらいが明確に示されていた。ただし、最新の高等学校学習指導要領では、異文化理解を試みる際の注意点として、文化の単位が政治的な組織としての国家だけではないこと、さらに単に外国の事情や異文化について知っているというだけでは、必ずしもそれらを理解したことにはならないということが指摘され、国単位の文化本質主義に対する留意点が述べられていることも見出された。

今回の調査からは、指導要領の方針を具現化したとされる教科書においては、一部の例外を除き、国単位の文化比較が、英語学習と相まって促進されていく現状を、まざまざと見せ付けられることとなった。そこにあるのは、「英語」対「日本語」、そして「英語圏（ほとんどがアメリカ）文化」対「日本文化」という徹底した二項対立の視点に基づく文化本質主義的見解である。さらにそれは、高等学校の英語教育に留まらず、年齢層を拡げたさまざまな教育機関、例えば高等教育課程でも垣間見ることができる。

一例を挙げてみよう。中等教育を受けた後、多くの高校卒業生は、大学、短大、専門学校などで再び英語教育を履習する者が多い。それら高等教育機関においては、学習指導要領や国が採択した教科書などはないが、多くのテキストが教材として使われている。その一端を「大学英語教科書協会」のリストによって検索してみると、次のことがわかる。市販されている教科書は64項目のカテゴリーに分類されているが、その中で「文化」に直接焦点を絞ったキーワード、「比較文化」「異文化理解」「日本文化」「〇〇事情（例えば現代イギリス事情）」などの項目で探してみることにする。例えば、「日本文化」をキーワードにして検索すると、27件の教科書が該当する。タイトルをみると、『アメリカと日本―文化のちがい』『裏返し―英語教育と日本文化』『外国人の捉えた日本人像「コンパクト」文化志向の日本人』『新文化比較の英会話』『世界と日本―文化のちがい』など、明らかに文化本質主義的な内容をタイトルにしているテキストが多く見られる。特に外国人（その多くは、日本に滞在しているか、一時滞在した経験のある英語圏出身者）が、日本人、日本社会、日本文化の印象を自らの個人的体験に基づきエッセイ風に書くといった内容の教材は、数え切れない程出版されて跡を絶たない。逆に言えば、それだけ需要があるという証だろう。

文化本質主義の問題性が取り上げられて久しく、既に多くの文献がその問題性を指摘している。しかし、学術研究でのこうした成果が、いわゆる知識人とされるエリートビジネスマンや教員をはじめとする学校教育関係者、そしてマスコミ関係者たちに浸透するのには、相当の時間がかかるものである（吉野 1997）。また、いったん形成された本質主義的な見解は、その根拠が希薄になっても、多くの人たちの常識として強く残るものなのである（小坂井 2002）。

しかし、社会における不平等が少しでも改善され、多様な価値観が「共生」するためには、文化本質主義は何としても見直され、脱構築されなくてはならない。本研究は、こうした問題意識のもとに、現在の教育、特に英語教育という、一見国際性の意義を訴え、「文化」をさまざまに取り扱っている領域においてさえ、文化本質主義が未だ脈々としてはびこっているのではないかとの懸念をもって試みられた。得られた結果は、筆者の予想に違わず、あるいはそれ以上に、「文化を本質主義的にのみ捉える」文化観が広く浸透していることを示すものであった。その背景のさらなる丁寧な分析とこの問題に対するアプローチの仕方は、今後の研究の課題である。文化本質主義の問題性を指摘し、訴え続けることの意義はいささかも減じていないことを、重い現実として改めて受け止めておきたい。

注

1　本章では以下で述べるように、日本国内の学校教育の「外国語教育」とは、一部特定の文脈を除くと、「英語教育」を意味する場合がほとんどであるという理解に立つ。

2　同指導要領は、平成21年3月に、また中学校学習指導要領は平成20年3月にそれぞれ改訂されたが、本章が扱う「文化に対する理解」に関する内容は、ほとんど変化していない。

3　比較文化論の問題点は、その多くに静態的文化モデルが無反省に使われていることである。さらに、比較自体は、対象の正しい認識のための最も基本的な作業のひとつであり、かつある種の共通性を前提にした自己相対化の作業であるのにもかかわらず、それが文化や民族の比較となると、たちまち差異と独自性を強調し、静的固定的な文化のイメージを作り出し、当初の意図と反対に民族的な偏見や差別を助長することになりかねない（西川 1995）。

4　後に続く演習では、三択問題で、「英語話者は考えや感情を詳細に表わす傾向がある」が正解となる問題が出されている。

第5章　日本人論の問題

はじめに

「自己主張が弱い」「集団主義的」「甘え体質である」「協調性に富む」「排他的である」「上下関係を重んじる」「礼儀正しいが几帳面すぎる」「勤勉である」……これらは、筆者のゼミの最初の授業で、学生に挙げてもらう日本人の特徴である。開講年度によって若干の変化はあるが、ほぼ同じ回答が毎年繰り返される。他の大学や教員研修会などで同様の質問をしても、内容はあまり変わらない。学生のみならず、書籍や新聞、マスコミ等でも、日本人について何らかの形容がなされる場合、これらのフレーズは、さも自明のことのように繰り返されてきた。本章では、日本人について、あるいは日本社会や日本文化について、その特徴を言い表わしたり、書き表わしたりしているすべての言説を「日本人論」と捉え、その問題点を考察する。

日本人論に対する批判的な検証は、以前からかなりの蓄積があるが（ベフ 1987：杉本・マオア 1995：吉野 1997等）、戦後何度かのブームを経た日本人論の隆盛も最近は収まってきた感があり、日本人論を正面から扱う書籍の数は減りつつある[1]。しかしその反面、「正しい日本語」「美しい国、日本」などのキャッチフレーズに象徴されるような、日本ブームと言ってもよい現象は跡を絶たない。私たちの周囲には「日本人とは……」「日本文化の特徴は……」といった言説が依然として溢れている。日本人論は、すっかり私たちの社会に根付き、改めて批判や検討を行なう必要のないほど常識の域にまで達しているのかもしれない。そのような土壌があるからこそ、例えば「日本人の美徳」というような言説が、最近共感をもって語り合われているのだろう[2]。

以上の状況を踏まえて、本章では、そうした日本人論の問題を、三つの角度から再検討する。その第一は、なぜ日本人論を問題化しなければならないかについて、第二は、日本人論の方法論上の問題点について、そして第三は、日本人論そのものの問題についてである。

1. なぜ日本人論を問題化するのか？

ここでいう「問題化する」とは、社会で広く当然のように受け入れられていることなどを再検討することでもある。まず、三つの観点から、日本人論を問題化することの意義について考えてみたい。

1 日本人論の筆者と読者

日本人論は、日本人の手によるものと、日本人以外の手によるものの2種類に分けることができる。前者の場合、その主な書き手はビジネスマン、ジャーナリスト、政府関係者、研究者たちであるが、彼／彼女たちの中には、留学、あるいは駐在など、日本を離れて海外生活を経験した者たちが多い。後者の場合はその逆で、一定の期間、日本に滞在した人たちによって書かれたものが圧倒的に多い。共通するのは、慣れ親しんだ社会や文化を離れた生活を送った人たちによって、日本人論は表明されているという点である。

また、書き手が日本人であろうとなかろうと、その筆者たちの社会・文化的背景が似通っていることも特徴であろう。留学経験者、ビジネスや外交、あるいは報道にかかわる者、そして海外滞在体験のある教育者や研究者などを考えると、日本人論の生産者たちの多くは、さまざまな価値観や考え方を共有できたとしても不思議ではない。

一方、日本人論の読者の方はどうであろうか。日本人論が盛んに消費された一九八〇年代、杉本・マオア（1995）は、その読み手に大学生並びにホワイトカラーと呼ばれる会社員や教員が多いことを分析し、日本人論の生産者と消費者は、かなり似通ったグループから構成されていることを見出した。かつて吉野（1997）は、フェザーストーンらが用いた概念を援用して、「文化仲介者」[3]という集団の存在を指摘し、ビジネス・エリートや学校教員たちをその範疇に含めた。多くの日本人論は、まさにそうした「文化仲介者」によって著され、かつ読まれてきたことが確認できるのである。このように読み手と書き手に共通するグループの存在する日本人論が、その両者が共鳴しやすい環境から生み出されてきた言説であることは、この問題を考える上で留意すべきことであろう[4]。

2　異文化接触という場

次に、日本人論がよく取り上げられる「場」について考えてみよう。日本国内では、「異文化」あるいは「異文化理解」という言葉が広く使われているが、日本人論は、まさにそうした「異文化」にかかわる人たちに伴って生産され、かつ消費されてきたと言えるだろう。ここでも、2種類のグループの人たちが想定できる。

第一のグループに属するのは、日本を離れて海外で一定の期間生活した人たちである。中でも、最終的には日本に帰国する、駐在員や一時滞在者と呼ばれる人たちが多い。筆者自身も東南アジアやオーストラリアで一九七〇年代から計10年以上海外生活を送ったが、周囲の駐在員たちから、ことあるごとに日本人論を聞かされた経験がある。

第二のグループに属するのは、逆に一定の期間、日本に滞在した外国人たちによって生み出され、かつ消費される日本人論である。かつて一世を風靡した『ジャパン・アズ・ナンバーワン』を書いたヴォーゲル（Vogel 1979=1979）や、同様に広く読まれた『ザ・ジャパニーズ』の筆者ライシャワー（Reishawer 1977=1979）などは、この範疇に入る代表格であろう。また、彼らのような専門的な著作者でなくとも、多くの「日本人論者」が、日本国内に住む外国人の中には存在する。例えば、日本で英語を教えるいわゆるネイティブと呼ばれる教師集団からは、日本文化や日本社会に対するコメント、評論が大量に生産されてきた。

どちらのグループに属する人たちからも、特定の表現、例えば「ジャパニーズ・カルチャー」などを伴うフレーズがさまざまな場面で用いられる。そして多くの場合、「ジャパニーズ・カルチャー」と言えば、中身の分析はされないまま、説明する側もされる側も納得している。在外企業での日本からの駐在員と現地スタッフの間のやり取りで、あるいは日本の家庭にホームステイする外国人とホスト側の日本人との間で、そのような光景は珍しくない。

さらに言えば、「日本は他の文化とは異なる」という言説が暗黙の前提のようになっていることも多い。留学前や駐在前のオリエンテーションにおいて、「カルチャー・ショック」が当然発生するものとして取り上げられ、それへの対処法が説明される。さらに、いかに日本が世界の他の文化とは異質であるかという説明が常に繰り返される。極端な場合には、日本人や日本文化こそユニークだ、すなわち世界のどことも異なった唯一の存在だといったコメントに出会うことも少なくない。

このように、異文化間の事象を取り扱う際のたいへん便利な説明に「日本人論」は多用されてきたのである。

3　語学修得の場

3点目に、日本人論が、語学学習の場において大きな位置を占めていることを確認しておく必要がある。ここでも大きく二つの領域が浮かび上がってくる。それは、日本語教育と国内における外国語学習、すなわち多くの場合、英語学習の場である。

まず、日本語教育について考えてみると、日本語そのものの修得と並行する形で、「日本事情」と呼ばれる科目やコンテンツが伝統的に併置されてきた。そうした「日本事情」科目の内実は、日本人論に多くを依拠している。さらに、かつては日本の経済的発展を追いかけるように、外国人への日本紹介の必要性が説かれ、その結果、日本文化の特殊性をいかに説明するかという点に意が注がれてきたという背景もある。

翻って、外国語（英語）教育の場ではどうであろうか。4章でみたように、言語と文化は不可分という前提のもと、ここでも学習者は英語世界の文化と日本の文化を、意識的にせよ無意識的にせよ、常に対比する形で学ばせられてきた。冒頭の「自己主張の強い英語圏文化」対「自己主張の弱い日本文化」、「個が確立している英語圏文化」対「集団主義の日本文化」などの対比は、まさにその典型である。

さらに留意すべきなのは、語学学習者の多くは、自らが学ぶ言語の習得において、初期の期待まで到達せず中途半端な修得レベルで終わってしまうということである。その結果、学習対象となった言葉が使われている言語圏の文化については、そこで使われている言語を通してその知識を得ることはまず稀なこととなり、自らの言語でいわば間接的に学ぶのである。具体的に言うと、アメリカ合衆国の事情について、多くの日本人は、英語ではなく日本語で書かれたものによって理解を深め、その反対に、日本語を学ぶオーストラリアの学生は、英語という媒介を通じて日本のことを知るのである。日本人論は、まさにそのような語学学習の場で大きな役割を担ってきたと言えよう。

ここまでは、日本人論の問題性を改めて取り上げる意義について考察してきた。その認識に立って、以下では従来の日本人論のどこに問題があるのかについて考察を進めていきたい。分析のポイントは、エピソード主義という方法論上の問題、日本人論の比較の対象の問題、そして日本ひとまとめ主義の問題の3点である。

2. 日本人論の方法論上の問題

1　エピソード主義

まず、日本人論の多くは、比較社会学や文化人類学など、いわゆる研究者によって書かれたものではないことを確認しておきたい。杉本・マオア（1995）によると、当時までの主な日本人論者としては、小説家、外交官、マスコミ関係者、言語学者、自然科学者、法律家、経済学者、哲学者、心理学者、歴史家などが挙げられている。

もっとも、それらの筆者の多くが社会や文化の比較の専門家でないことが、日本人論を価値のないものにしているとは必ずしも言えないだろう。評論としての言説には、鋭い知見が含まれていることも否定はできない。あるいは、もともと学術的な目的で著されたものではない日本人論を、学術的に批判することに意味があるのかという、逆の批判も考えられる。現在、日本人論を正面きって論じる文献が減りつつあるのは、そうした理解が広まっている結果とも言える。

しかし、それにもかかわらず、日本人論の影響は、今でも広範にわたって大きいという現実は見逃せない。言い換えれば、あまりにも日常的に広く介在してしまったが故に、さまざまな分野の専門家が日本人論の一部を「一般的な知見」とみなし、それを前提に議論を展開することが常態化しているのである。さらにそれらの日本人論は、多くの人たちによって再確認され、再強化され、社会に広く根付いていく。そうした現象は、「エピソードに基づく一般化」として私たちが深く留意すべきことだと、筆者は考えている。

ここで、その「エピソードに基づく一般化」を如実に表わす事例を取り上げてみよう。高校生の段階から、また大学在学中に、数日から数週間の海外修学旅行や短期留学を経験する者は多い。学校や大学が企画するプログラムの場合は、事前にオリエンテーションがあり、帰国後は振り返りのための時間がもたれることもある。一例として、筆者のかかわったオーストラリアへの研修プログラムに参加した学生たちの声を拾ってみよう。当該グループのテーマのひとつは、「日本とオーストラリアの家庭のあり方」であり、学生Aは次のように報告した。

私のステイした家族は素晴らしいものでした。父親は、5時過ぎに帰宅すると夕食を作り、毎日6時には家族4人と私がいっしょに食卓につきました。食事中はテレビも見ず、みんなでその日にあった事柄を話し合います。ある時、小学校6年生の男の子がゲームボーイをしながら食卓にやってきて、食事の時間になっても止められないことがありました。父親はそれを怒らず、理由を説明してからやさしくその男の子のゲームを止めさせて、みんなの食事は始まったのです。食後は、子どもたちはそれぞれの部屋にもどり、9時には両親たちと私にハグをして就寝します。私は、今回オーストラリアの家庭に滞在して、日本の多くの家族が失くしてしまった家庭の温かさと、しつけ力というか教育力のようなものに、深く感銘を受けました。

同時期にプログラムに参加した学生Ｂは、まったく異なった報告をもち帰ってきた。

私のステイ先には地元の高校に通う娘がいましたが、彼女はなかなか私に打ち解けてはくれませんでした。そのうち分かったのですが、毎朝、私と一緒にホストマザーにシティまで送ってもらった後、彼女は高校にはいかず、友だちの家でマリファナを吸ったりして時間をつぶしていたのです。帰国の数日前、やっと私に話してくれた彼女の話はかなりショックなものでした。実は、ホストマザーとファーザーは離婚寸前で、それが、学校に行く気になれない大きな原因であること、両親とも自分がマリファナを吸っていることも知っているが何も言わないこと……。私は、あちらでは個人主義が行き渡っていて離婚率も日本よりずっと高いことも知っていましたが、10代の娘に対する親の姿勢として、これはあきらかに行き過ぎであると感じました。オーストラリアの家庭は崩壊していると思います。

双方とも、学生の見聞きしてきた現実の報告そのものであり、その点では間違っておらず、話の内容もことさら珍しいものではない。しかし、一方がオーストラリアの家庭は素晴らしいものと賞賛したのに対し、もう一方は、オーストラリアの家庭は崩壊していると、まったく否定的に捉えている。では、この二つのレポートのどこに問題があったのだろうか。気付かれた読者もあると思うが、最後の部分で「オーストラリアの家庭では」という一般化を行なってしまったことが問題なのである。

このように、少し振り返ってみれば、(過度の) 一般化の問題性について気付くことは可能である。しかし、日常のいわゆる異文化交流や語学学習の場では、それがなかなか難しい。飛び交っているのは、「アメリカ文化は」「日本社会は」「中国の人たちは」という、国の名前を冠に戴く言説である。知見を提供する側もそれを受け取る側も、私たちは頻繁に登場するこれらのフレーズを繰り返し用いている。多くの日本人論が、まさにエピソードのみで形成され、十分な検証を経ずに一般化されてきたことを、私たちは改めて十分認識する必要があるのである。

2　エピソード主義に基づく逆説的日本人論

ここで、少し発想を転換してみたい。以下で述べるのは、いわゆる「日本人論」として世間に流布しているものとは、相反するような日本人論である。

冒頭で挙げた日本人やその文化・社会に関するキャッチフレーズの中から、特に多用される「集団主義的」を取り上げたい。ここでは、杉本とマオア (1995) が述べたことを参考にして、

「日本人は集団主義的というより、むしろ個人主義的だ」という、広く行き渡った言説に対して、あえて逆の見解を示してみたいと思う。

まず考えたいのはスポーツの世界である。日本で人気のある球技の多くは、野球、サッカー、ラグビー、バスケットボールなど、英語圏に起源をもつスポーツである。いうまでもなく、それらはチーム（集団）プレーによって成り立っている。一方日本古来の競技と言えば、相撲、剣道、柔道など、一対一、すなわち個人を単位としてなりたっているものである。これら格技をスポーツと呼ぶことには異論もあろうが、この単純な事実を考えてみても、日本＝集団中心、西洋＝個人中心というカテゴリー化は崩れてしまう可能性がある。

人間生活の基盤のひとつである「食べる」場ではどうだろうか。日本の家庭には、多くの場合、父親の箸と茶碗があり、母親や子どもたちにもそれぞれに箸と茶碗があって、食器の一部は個人と結び付いている。西洋料理では、そのようなことは稀であろう。また、日本では個人単位のお膳というものも存在してきたし、さらに言えば、中華料理などの大皿盛りの場合、自らの箸を反対にもちかえて皿から料理を取る光景は珍しくない。日本人は、他との接触を避ける個人主義的な食べ方を好む人たちだと形容することができないだろうか。

居住についても、玄関で靴を脱ぎ、外の世界と内の世界の峻別を図ったり、個室の確保が重要に捉えられたりと、案外、日本人は個人主義的なのかもしれない。いわゆる欧米では、家庭に招かれることが多くあるが、その際、夫婦の寝室まで客人に見せることも稀なことではない。翻って日本では、そのような個人的領域に他人を入り込ませることはまずないと言ってよいだろう。また、筆者の友人である留学アドバイザーから聞いた話によると、世界各国からアメリカの大学へ来る留学生の中で、寮に入る際初めから絶対に個室が欲しいと希望する率の最も高いのが、日本からの留学生だという。

人間関係ではどうであろうか。暗黙の了解とか、曖昧なコミュニケーションが多いことなどは、日本人の人間関係を表わすフレーズとしてよく用いられる。さらに、決まりごとも文書などで明確に記すことをせず、口頭で済ませる慣行が日本的だとして問題視される場合も少なくない。しかし、これらの言説は常に正しいのだろうか。少し考えてみると、日本は職場でも学校でも、非常に文書の多い社会だとも言えないだろうか。些細なことでも稟議書を回し、許可を申請し、しかもサインではなく押印が、時には印鑑証明が求められることなどを考えると、あいまいな契約や決まりごとが多いという言説はあやしくなってくる。さらに、人間関係を構築する第一歩として名刺交換が常態化しているが、これなどもお互いの所属、住所、連絡先などを実に明確に確認し合うことから人間関係に入っていくわけで、そこに曖昧性や暗黙の了解などは存在しにくいとも言える。

あえて、通常の日本人論で説かれることとは一見反対とも思える主張を試みた。これらの議論は、日本国内の多くの人たちにとって、意外にも日本人がずいぶん個人主義的な一面があるとの認識に至らせる可能性がある。

しかし、筆者は何も、日本人が集団主義よりも個人主義的傾向をもっていることを主張したかったわけではない。ここで挙げた逆説的日本人論も、いわば特定の事象、すなわちエピソードの羅列であり、そのことへの気付きこそが大切なのである。前節で述べたように、エピソードに基づけば、日本人は集団主義的とも個人主義的とも捉えられるという可能性を示したかったのである。このように日本人論は、いわばナイーブとも表現できるような方法論に基づく言説であることを、私たちはしっかりと心に留めておかねばならない。なぜならただそれが問題だというだけではなく、そうした言説は教育の場や論説などで無頓着に使用され、例えば異文化間理解や多文化共生を議論する場において、規範性を伴った見解にまで昇華されて用いられていくからである。

3. 日本人論が内包する問題

ここからは、日本人論の方法論というよりも、その内容そのものにおける重要な問題点を二つの角度から検討したい。

1 「日本文化」対「異文化＝アメリカ文化の一部」

日本文化が他の文化と比較される際、その比較の対象が異文化と呼ばれることは既に取り上げたが、ではその異文化とはどこの文化なのかと考えていくと、多くの場合は欧米文化、中でも英語圏文化、とりわけアメリカ合衆国の文化であることが分かってくる。新聞やマスコミでは、「他国と比較してみると」のフレーズの後、「例えば米国では」という但し書きが頻出する。比較の対象が米国一カ国のみで終わってしまうことも稀ではない。時には、なんのことわりもなく、「あちらでは」などの文言が使われ、その「あちら」の中身を辿っていくと、アメリカ合衆国のことを指していることがわかってきたりする。さらには、アメリカ合衆国と言っても比較の対象となるのは、白人の中産階級以上の人たちの文化や社会のことであり、しかも後で述べるように、かなり理想化したイメージでそれらが語られるケースが多い。

そうした言説の問題点を具体的に考察していくと、次のようなことが浮かびあがってくる。まず、比較の対象が偏っているため、西洋以外の世界があまり検討の対象となっていないことである。例えば、土居健夫の『甘えの構造』は、一世を風靡した日本人論であり、海外の日本研究者にも参照されることの多かった文献であるが、アジア諸国との比較をほとんどすることなく、「甘え」こそが日本人の精神構造を規定する要素だと結論付けたことによって、多くの誤解を与えてしまった。その点に関しては、古くから指摘（例えば、李 1982）がされているにもかかわらず、現在まで説得性のある反論はあまり現れていない。

翻って、日本人以外の筆者による日本人論は、その多くが英語話者によってなされてきたことも、こうした偏りの一面と言えよう。古典的日本人論の『菊と刀』を著したベネディクト（Benedict 1946=1948）を始めとして、『ザ・ジャパニーズ』のライシャワー（Reishawer 前掲書）、『ジャパン・アズ・ナンバーワン』のヴォーゲル（Vogel 前掲書）、『ジャパニーズ・マインド』のクリストファー（Christopher 1983=1983）などは、すべてアメリカ発の論考である。もちろん、その他の国の人たちによる日本人論もあるが、これら米国製とも呼べる日本人論が圧倒的な支配力をもってきたことは、見逃すことができない。そして大切なのは、往々にしてこれらの日本人論が、外からの権威者による日本人論とみなされて、受容されてきたことである。

比較の対象を国家の単位で検討してきたが、他にも次の点を考慮する必要があるだろう。先述のように、日本人論の発言者や筆者は、一定の期間、海外あるいは日本に滞在の経験がある場合が多いのだが、例えば日本人の場合、その海外滞在の期間は平均４年程度と言われている（労務行政研究所 2008）。数年間という期間の海外滞在から醸成された文化論が、日本人論なのである。同時に、彼／彼女たちが日常的に接することのできる相手についても、留意しておく必要がある。日本人が海外駐在中にその国の人と接する場合、さまざまな階層の人たちと接することができるとは考えにくい。留学生は、学生や教員との交わりが当然その中心となるだろうし、ビジネスマンはビジネスマン同士の付き合いがほとんどであろう。その限られた接触の中で、「アメリカ人はみんな議論の進め方が明晰かつ論理的であり、多くの人はディベートのやり方などを学校教育で訓練されている」といったステレオタイプな考えを抱いたとしても、ある意味では無理のないことかもしれない。ディベートなどほとんどしたこともない職種や階層のアメリカ人たちは、多くの駐在日本人にとって縁の遠い存在だからである。

同様に、日本へ来た欧米人が、その旅先などで、女性による丁寧な接待に遭遇した結果、書物や映像などから日本女性に抱いていた、例えば芸者のイメージをそこに投影し強化したとしても何ら不思議ではないだろう。日本人論には、こうした「制限された」比較のもたらす「理想化」が、常に立ち上がってくるのである。「外からみた日本」「だれも書かなかった日本」などのキャッチフレーズのもと、こうした言説は広まり、かつ示唆に富む文化論とみなされて浸透していく。

2　日本一枚岩論の陥穽

日本人論の最大の問題点のひとつは、日本文化や社会を常にひとつのものとして論じ切ることにある。そこには、日本社会の中での男女の違いや世代の相違という視点は省みられない。男と女では、例えば話し言葉ひとつをとってみても往々にして違いがあるように、日本における男性の世界と女性の世界には相当の隔たりがあるのにもかかわらず、多くの日本人論では、男女の差異はほとんど考慮されずに議論が進んでいく。世代に関しても同様である。第二次世界大戦より前のいわゆる戦前に育った世代、それに続く戦中の世代、そして敗戦後の例えば団塊の世代、バブル経済の頃に成人となった世代、そしてニートやフリーターがひとつの生き方と見なされるようになって以降に社会人となる世代といった具合に、日本人は各世代間で、生活実態や価値観がかなり異なる。世代間格差の大きな社会であるにもかかわらず、日本人論の多くには、そうした観点からの分析は稀である。さらに性別や世代の他に、業職種、居住地域、収入、親の文化や経済的背景、本人の学歴、婚姻の形態に関する状況などの多様性があるにもかかわらず、日本人を一括して捉える多くの論調に、それらへの考察は驚くほど少ない。

ひとつの具体例として、次のようなことを考えてみよう。試みに四つのグループからなる人たちを考えてみる。第一のグループは、アメリカ人の男性の医師たち、第二は、日本人の男性の医師たち、第三は、パートナーのいない（離婚もしくはパートナーに先立たれた）アメリカ人の女性でスーパーでパートで働く人たち、第四は、パートナーのいない（離婚もしくはパートナーに先立たれた）日本人の女性で、やはりスーパーでパートで働く人たちである。図１をみると

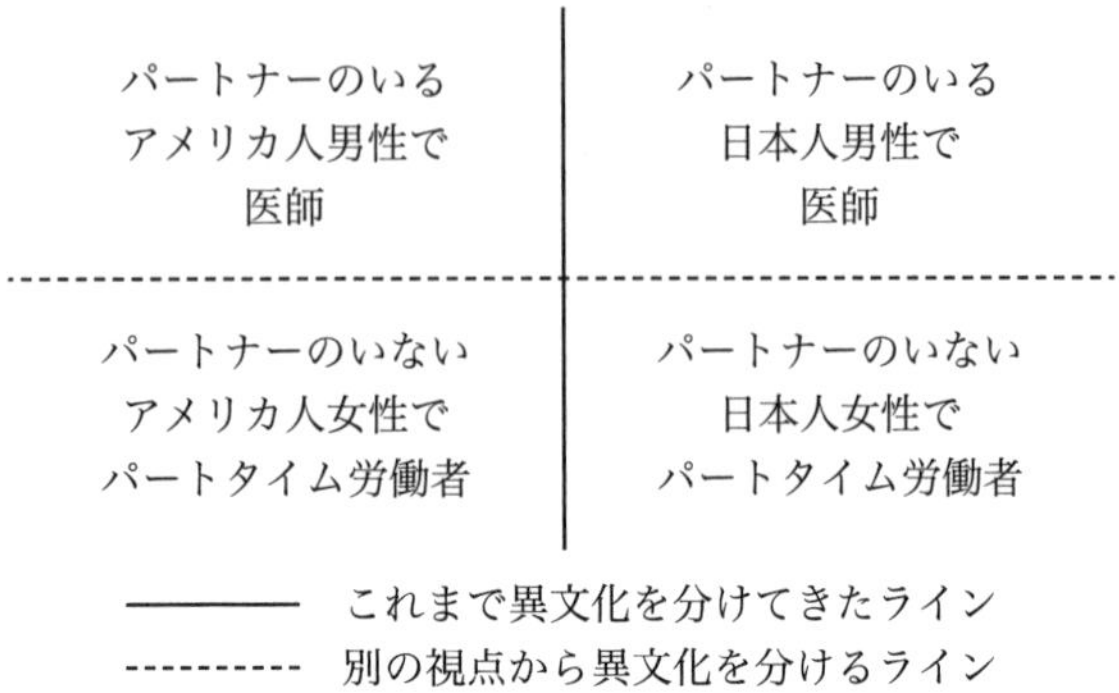

図1：異文化の分け方

分かるように、このような異なる集団に対して、従来はアメリカ人と日本人との間に線が引かれる場合がほとんどであった。巷に溢れている「異文化」をタイトルに含む書物を取り上げても、国を単位とした「異文化」にしか関心が払われてこなかったと言っても過言ではない。

しかし、少し考えてみると、そうした偏向がいかに多くのことを見えなくしてしまっているかがわかってくる。この四つの集団の中では、「男性で医師」のグループは、国籍にかかわらず、その経済状況、生活スタイル、価値観などで多くのものを共有できる可能性がある。同様のことは、「現在パートナーのいない女性でありスーパーなどでパート勤務」のグループにも当てはまる。もし「異文化」という言葉を当てはめるとすると、四つのグループを分ける線は、日本とアメリカの間にある縦の線ではなく、男性医師と女性パートタイマーとの間にこそ存在するかもしれない。国というカテゴリーのみを単位として、かつその内部における差異に無頓着な異文化理解論、その典型とも言える日本人論がいかに問題であるかが分かってくる。捉え方の問題に留まらず、そうした視点こそが多くを見えなくしていることが、より大きな問題を生み出すのである。

さらに、無理に一元化が図られているために、多くの日本人論に登場する日本人像は、いわゆる「典型的」というレッテルのもと、いかにも多様性の乏しい日本人として描かれてしまう。かつて、終身雇用と年功序列に守られながらも、会社に心身を奉げるような日本人像が喧伝されたが、その多くは大企業に勤務する男性正社員という、一部の日本人において通用した言説であったことを忘れてはならない。「勤勉」は冒頭で挙げたように、日本人論で　最もポピュラーな言説のひとつであるが、例えば大学生という集団を例にとると、果たして日本の大学生は世界的にみても勤勉であるかどうか、ずいぶんあやしくなってしまう。このように、日本人、日本文化、日本社会をひとまとめにして一枚岩的に捉える見方は、非常に多くの問題を抱えているのである。

4．まとめ

本章では、日本人論を、「異文化理解」論と鏡の表裏をなす、優れた具体例として取り上げ考察した。そして、(1)日本人論を考察することの意義について、(2)その方法論上の問題点について、(3)日本人論そのものがもつ問題性についての観点から検討を試みたのである。

考察の結果は、日本人論がいかに本質主義的な文化観に彩られているか、また、そこから抜け出すことがいかに困難かを示すものとなった。昨今、県民性や血液型などをテーマにした書籍やテレビ番組が巷に溢れているのを見るにつけ、本質主義的なものの見方から抜け出すことの難しさをいよいよ痛感する。第4章でもみたように、こうした文化の捉え方こそが、コミュニケーションや共同の営みを阻害する大きな要因になることを深く認識しなくてはならないと考えるのである。

次の6章では、4章、5章を受けて、「異文化理解」の言説について再考を行なう。同時に、そこからの脱却の糸口はないものか、その可能性についても検討したい。

注

1　国立国会図書館の図書検索システムＮＤＬ－ＯＰＡＣによると、日本人論をタイトルに含む図書数は、一九八〇～一九八九年は34冊、一九九〇～一九九九年は55冊出版されているのに対して、二〇〇〇～二〇〇九年は28冊と減少している。

2　国立情報学研究所のNACSIS Webcatを用い、「日本人の美徳」をキーワードにして日本語の文献を検索すると、総数21文献のうち、17文献が一九九九～二〇〇九年の約10年間に出版されている。

3　ここでいう文化仲介者とは、フェザーストーン（Featherstone 1991）などによって提示された、「研究者や専門家によってもたらされた知的なアイデアを、さらに多くの人々へ伝達する仲介者としての役割を担う人たち」のことで、具体的には学校教師やビジネス・エリートなどがその例として含まれる。

4　例えば、同じ日本在住の外国人であっても、ニューカマーと呼ばれる人たちの視点からの日本人論といったものはほとんど紹介されることはない。このように書き手が、研究者や教員、そしてビジネスにかかわる者などの特定の層に偏っているとすれば、それによって生じる日本人論の歪みは不可避なものとして存在すると言えよう。

第6章　異文化理解と文化本質主義

はじめに

近年、グローバリゼーションという急速かつ大規模な社会変動が起こりつつある中、筆者は教育が、特に日本においてどのように対応しているかを探ろうとして研究を試みた。そして、二つの視点からその課題に迫ったのである。ひとつは、日本での国際化に関する議論の中で大きな比重を占めてきた異文化間教育や多文化教育と呼ばれる分野に、研究の領域として焦点を合わせたこと、もうひとつは、それらの教育について、文化仲介者[1]と呼ばれる一群の人びとが語る異文化理解についてのディスコース[2]を研究の対象としたことである。この二つの視点から、筆者は、海外生活で異文化体験をもつとみなされている文化仲介者たちが、それぞれの文脈からこの問題にどのような姿勢で、どのような見解をもって応答しているのかを探ることにした。

研究の枠組みとしては、グローバリゼーションと多文化教育をめぐる議論を検討することとし、まずグローバリゼーションが教育に突き付けた議論として次のことを考察した。それは、近年の経済分野での急激なグローバリゼーションが、語学力や異文化対応能力を備えた人材の育成を教育に要請したこと、グローバリゼーションは国民国家概念を揺さぶろうとしてきたが、教育は、国家がその主導権を維持しようとするひとつの重要な領域であり、その結果、国家とそれ以外の教育のアクターとの間に緊張を生じていること、そして文化領域では、支配的な文化（例えばアメリカ文化）を普遍的なものと見なすことによって生じる文化帝国主義の問題、さらに「進歩」や「普遍性」といった概念の再検討を提起していることである。多文化主義を巡る議論では、日本がモデルとして捉えてきた英語圏における同化主義から多文化主義への流れを振り返り、「統一性」と「多様性」のいずれに重点を置くかが議論の中心であるとの分析を行なった。また、文化本質主義に基づく議論が多い点を取り上げ、それを脱構築するハイブリディティ（異種混淆性）を考察する視点の有効性についても検討を試みた[3]。これらの分析によって得られた概念的な枠組みが、以下のリサーチにおける基本的な「問い」を形成していくことになったのである。

次に、研究のコンテクストとしての日本の国際理解教育の展開を振り返った。そこでは、企業駐在員の子どもを救済する目的から始められた海外・帰国子女教育に文部省（当時）が本腰を入れて取り組むようになっていく過程、また、一九九〇年代に入ると海外・帰国子女教育は、国際理解教育、異文化間教育という枠組みの中に収斂していく過程をみることができる。同時に、それらの展開の背景にある、政策担当者や特に研究者による公的な言説[4]である国際理解教育論についても、先に得られたこの研究の概念的枠組の視点から、批判的に分析を行なったのである。

本章は、先に述べた文化仲介者たちの異文化理解に関する見解、そして、それを規定する彼／彼女らの文化に関する理解を探ったものである。その際文化仲介者が、文部省の政策や研究者の生産する公的な言説をいかに理解し、解釈し、かつそれに応答しているかを調査することを通じて、その教育観や文化に関する理解を炙り出すことを試みた。

調査にあたってはまず、海外の日本企業の代表者、日本人学校の教員、海外日本人児童の母親の中でリーダー的な人たちの、3グループからなる本研究の文化仲介者たちに、予め事前質問紙を送付した[5]。事前質問紙送付の目的は、調査の主旨を理解してもらうこと、インタビューの時間を短くするために前もって統計的なデータを集めること、そして、公的な言説の一部を示しそれへの回答を記入してもらうことによって、インタビューの際に調査者と調査参加者が同じ題材に基づいて討議できる基盤を作ることにあった。インタビューでは、全員に共通する7項目を中心とした質問[6]を用意し、それに基づいた議論を繰り返した。調査参加者たちは、時には戸惑い、またインタビューの最中に自らの回答を変更する場合もかなり見られたが、そうした調査者と調査参加者との間のやりとりを、文化仲介者の教育観、文化観を抽出する過程として重要視したのである。

インタビューで試みた質問項目は、グローバリゼーションに関する議論や、多文化主義、文化本質主義をめぐる議論から組み立てられたものであり、前半の質問項目は、主に国際理解教育に対する調査参加者の見解を調べるもので、後半の質問項目は、調査参加者の文化に対する理解を聞く問いが中心である。

本章では、上で述べた枠組と方法で実施された調査結果の全体を考察するため、まず「異文化理解」に関して文化仲介者のディスコースにみられる規範的言説の限界を分析し、何が問題なのかを探る。そこには、コンフリクト・フリーとも呼べる考え方や、ナイーブな言説が浮かび上がってくる。そして問題の根底には、文化本質主義が横たわっているのである。つぎに、公的な言説と文化仲介者による見解との間に認められるギャップや三つの文化仲介者を比較、整理することによって見えてくるギャップに触れ、これらのギャップが、従来の本質主義的な見解を打破する糸口になる可能性を考察してみたいと思う。

1．規範的な見解

日本に「異文化」という言葉を広めるのに大きな役割を果たした「異文化間教育学会」の紀要第1号には、国際化時代の教育の目標として「多様な文化のなかから自己の文化を見直してその相対性を自覚するとともに、文化的差異を超えて人類が互いに同胞意識を正しく認識すること」（川端 1987）が掲げられている。それから10年以上を経て、同学会の会長（当時）は、以後の課題として「グローバル化が急速に進む中で、異文化に育った人びとと共に生きる社会の実現」を挙げている。国際理解という言葉が文部省（当時）の白書に相当する『わが国の教育水準』に初めて登場したのは一九六四年のことであり、そこには「外国に対する偏見を除去して正しい国際理解へと進めよう」というフレーズがあった。日本の国際理解教育は、「異なる文化を理解する」ことを軸に、長い年月、ほぼ同じ目標を掲げ続けてきたことがわかる。誤解を恐れずに言えば、日本での異文化理解や国際理解教育で論じられてきたことは、関心を集めるテーマやその力点の置き方は時代と共に変わりはしたが、その取り組みの基本的な姿勢や、特に「文化」の捉え方については、あまり変化していないことを表わしているとも言えよう。[7]

今回のリサーチの結果は、公的なディスコースにおいても、文化仲介者と呼ばれる人びとが生み出すディスコースにおいても、共に従来の国際理解教育における見解には強い規範性がみられることを明らかにした。例えば、「異なった文化をもった人びとと共に生きなくてはならない」「多様な文化を尊重しなくてはならない」という、「かくあるべし」というディスコースは、政策文書やこの問題を扱う研究者の著作の至るところに見出すことができる。そして、その多くは文化仲介者たちによって受け入れられ、改めて主張されたのである。実際、公的な言説における規範をそのままコピーしたような見解を述べる調査参加者たちが多かった。

例えば、以降の国際理解教育に大きな影響を与えた政策文書『二十一世紀を展望した我が国の教育の在り方について』にみられる「アジアの言語を学習する様々な機会を拡充することが望まれる」（中央教育審議会1996）という主張に呼応するように、今回多くの調査参加者が、「英語以外の言語を習得することは、もちろん必要なことだ」との見解を述べた。彼／彼女らは、公的な言説の規範性を支持し、自らの見解の中で公的言説とほぼ同じ表現を用いる場合もあったのである。

しかし同時に、この海外文化仲介者の規範的な見解には、時として字句どおりには解釈できない問題点も見出された。例えば先の事例の場合、調査参加者の述べた英語以外の外国語の習得とは、「片言の挨拶程度の現地語ができれば、現地の人が喜ぶ」という、現地の人や文化に対する一種の優越的感情から発せられたものが多いということがわかってきた。多くの調査参加者が、英語も英語以外の現地語も共に重要だと述べる一方、彼／彼女らの、英語習得に対する熱意や態度と、英語以外の現地語に対するそれとの間には、大きなギャップのあることが明らかになったのである。これは、文化仲介者が公的な言説を表面的には受け入れていても、実際の異文化接触の場では、自らの状況に応じてその意味を変化させているよい例であると言えよう。つまり公的なディスコースにおける規範性は、その内容を変えながら文化仲介者たちに受け入れられ、解釈されている場合があるわけである。文化仲介者の述べる規範的な見解を考察していくと、さらに二つの大きな特徴が見出された。

1 コンフリクト・フリーな考え方

特徴のひとつは、幾つもの質問に対する調査参加者の回答が、二つの相対する見解を含んで述べられることが多かった点である。最も明確な形で表われたひとつの例は、国際理解教育の目標について示された見解であった。多くの調査参加者にとって、国際理解教育の目指す重要な目標のひとつは、「日本人としての確固としたアイデンティティをもった人材を育成すること」であった。すなわち、「日本人性」の確立である。しかし同時に調査参加者たちは、「世界に共通する普遍的な規範を理解し、それを受け入れることのできる人材を育成すること」を、それらの教育の目標として挙げた。その背景には、日本人の異文化理解能力、国際理解能力はまだ十分ではなく、世界の普遍的な規範をより学び、習得する必要があるという考え方がある。

これらの調査参加者による主張には、日本の教育や社会における後進性への指摘は見られるが、理想化された普遍的規範への同調を説く公的言説に対する疑問や問いかけは見られない。

しかし、そのことよりもむしろ問題なのは、多くのディスコースにおいて、ひとつの目標である「日本人性の確立」と、もう一方の目標である「日本以外の国にあると想定されている普遍性への同調」が、何の抵抗もなく並列に掲げられていることであろう。日本の伝統的規範を尊重することと、日本以外の国の規範を受け入れることとは、当然相容れないこともあるし、衝突することも予想される。それにもかかわらず、インタビューにおける回答の中には、両者のぶつかり合いを示唆する見解は見出せなかった。このように相反する二つの目標が、一人の調査参加者の回答に、往々にして調和するような形で並べられているのはなぜなのだろう。なぜ、このような見解が頻出するのだろうか。

その理由のひとつは、インタビューで「あなたがよいと信じる日本の規範と、日本以外での規範がぶつかった時、あなたならどうしますか？」と尋ねた際の調査参加者の対応に見出すことができた。異文化理解観、国際理解教育観に関する項の最後で行なったこの質問に、多くの回答者は戸惑ったのである。ある者は回答をしぶり、ある者は「わからない」と回答を避け、ある者は「異文化理解や国際理解とは理想であって、現実はそんなに簡単ではない」と自らの回答を変化させた。結果は、文化仲介者がいかに理想的に、あるいは観念的に異文化理解や国際理解教育を捉えようとしていたかを示すものであった。これらの問題に対する見解を述べる際に、調査参加者たちの多くは、自らのアイデンティティが脅かされたり、時には変化を強いられるという状況を、あまり想定していなかったことがわかってきたのである。

これまでの国際理解教育は、日本人が異なる文化や社会を背景にもつ人びとを理解すべきであるとの前提のもとに、また理解し得ないことなどは、ほとんど想定されることなく展開されてきたのではないだろうか。そうした状況の中、文化仲介者の多くは、公的な言説にみられる日本人性の確立と普遍性への同調という、二つの相反する規範の間での葛藤や衝突への気付きに乏しかったと言えよう。それは調査参加者の多くがこの点においては、公的な言説の生産者と同じ立場に立っていることを示している。そしてその多くは、国内にあっては在日外国人に対して圧倒的マジョリティの日本人であり、海外においても経済的には不自由のない日本人社会の一員として、異文化に接することができる状況にある。言い換えると、彼／彼女らの位置は、国内においても、海外においても、マイノリティの立場とは一線を画しているのである。コンフリクト・フリーと形容できる[8]。公的言説が、海外文化仲介者によって再生産されている背景として、このような要因を無視することはできない。

2 ナイーブな言説

調査参加者による文化相対主義に対する見解や、他民族を日本に受け入れることに対する見解は、共に大変規範的であった。彼／彼女らの大多数は、すべての文化は平等であり、日本は他民族をもっと受け入れるべきだという見解を支持するのである。また、調査参加者の多くは、自らの回答がこれらの規範的見解とずれる場合、それを表明することを躊躇したり、規範的見解から外れることに対する言い訳を挿入したりもした。しかし、調査参加者とさらに対話を重ねることで、一見規範的な言説を受け入れているように見えながら、無条件に受け入れているとは言えないこと、すなわち、そこには調査参加者の状況を反映した解釈が加えられていることがわかってきたのである。

まず、すべての文化が平等だと調査参加者が言う時、それは、彼／彼女らが実際にそう理解しているのではなく、理想的にはそうあってほしいという願望が述べられている場合の多いことがわかってきた。さらに、調査参加者が「すべての文化」と言う時の文化は、現在支配的な欧米先進国の文化が想定されている例も数多く認められた。他民族の受け入れに関して、調査参加者は、複数の民族・文化の調和的共存、すなわち文化多元主義的な見解を主張する。しかし、調査参加者のこの規範的主張には、日本的なものを損なわない限りにおいてという条件が強く働いていたのである。また、受け入れても構わないのは、日本文化とあまり異ならない文化あるいは欧米先進国の文化である、と答えた調査参加者が数多くいた。さらに、他民族の受け入れに関しては、多元主義的な見解を述べていた者の多くが、「日本国内では外国人は日本の文化に合わせるべきだ」という同化主義を根強く支持していることもわかってきた。

これは、いったい何を意味するのであろうか。ひとつは、海外の文化仲介者にみられる規範的言説の受け入れが表層的であるということである。しかし、それは見方を変えると、海外文化仲介者は、その豊かな海外経験によって、規範的な公的言説とは距離を置いた見解を主張する可能性をもっているにもかかわらず、実際には公的言説を支持するという、公的言説の支配力の大きさを逆に示すのである。海外で生活した経験がなく、その点では異文化体験が相対的に乏しいと言える国内の大多数の日本人とは異なり、今回の調査参加者は、海外での異文化（と通常見なされるもの）との接触の機会に日々その身を置いている。インタビュー結果は、彼／彼女らの海外における経験の数々が、すべての文化を平等に扱うことや、他民族を条件なしに受け入れることの困難性に目を向けさせていることを示している。しかしそれにもかかわらず、多くの調査参加者が、あまりにも単純化された、あるいは、無警戒とも言える文化相対主義、文化多元主義を力説する。このナイーブな見解の背後には、何があるのだろうか[9]。

前項では、社会の中における自らの立場を変えずに、あるいは変わらないことを前提にして異文化を理解しようとする調査参加者の姿勢を指摘した。本稿では、特定の領域においては、規範的な見解をもち続けることが困難であるという自らの気付きにもかかわらず、規範的でナイーブな言説を表明し続ける調査参加者の姿が浮かび上がってきた。このようなコンフリクト・フリーかつナイーブな見解を調査参加者にもたらす要因のひとつとして、彼／彼女らに深く根を張る文化本質主義的見解が浮かび上がってくるのである。

2. 文化本質主義

調査参加者の大多数が、日本人、日本文化、日本社会は世界の中で特殊でありユニークな存在であるという見解をもっていた。これは、政策文書や特に多くの研究書に見られた公的なディスコースと軸を一にするものである。そこでは、日本人とはこうだ、日本社会の特徴はこうだという言説が、さまざまな形で表現される。

これらの言説の基礎には、本物あるいは真性のような日本人の存在が想定されている。と同時に、日本人以外の者は一般化された他者として括られ、日本人とは異なる人、異なる社会・文化・規範をもつ人として想定されるのである。このような見解を筆者は、文化本質主義的見解として捉えてきた。文化本質主義的見解では、想定された自文化と異文化との間に、はっきりとした境界が存在する。さらに、自文化や異文化のもつ独自性は、固定的で変化のしにくいものである。また文化本質主義的見解は、自文化の内部での、または異文化の内部での差異性には関心が低いか、それを無視する傾向がある。多くの調査参加者は、日本人、日本の文化・社会の特殊性を述べることによって、その文化本質主義的見解を明らかにしたのである。

このように捉えると、前項までに見た調査参加者の異文化理解、文化観に関する見解に対して、ひとつの説明をすることができる。多くの調査参加者たちは、日本人としての本質は変えることなく異文化と接し、そして異文化について学びたいのである。その対象は、あくまで「異文化」であって、その位置付けは、「自文化」を脅かすものではない。したがって、そのような異文化理解にはコンフリクトは発生しにくい、もしくは想定されていないのである。

さらに、調査参加者が、ナイーブな文化相対主義や文化多元論を躊躇なく表明できるのも文化本質主義的見解が基礎にあるからだと考えられる。ほとんどの調査参加者にとって、さまざまな文化とは、異なる文化として並列的に陳列されたものである。そこには、文化間の力関係や、あるひとつの文化の中にある多様性を想起させる視点は乏しい。また、個々の異文化は、その本質が変わりにくいものとして捉えられている。従って、調査参加者が「日本国内にも他民族を受け入れるべきだ」と言う時、自らがよしとしている日本社会や文化の規範が変化することはほとんど想定されていないのである。その可能性を指摘されると、とたんに他民族の受け入れに消極的になったり、限定付きの受け入れ論に転向する調査参加者が数多くいたことが、何よりもそれを示している。

このように考えてくると、文化本質主義は、異文化理解、国際理解教育、文化概念の理解に関する政策文書等の公的な言説や、多くの文化仲介者によるディスコースを、根源的に支配する概念のひとつであるということが見えてくる。文化本質主義に囚われる限り、コンフリクト・フリーかつナイーブな規範的言説は、常に生産し続けられるのである。そこには、文化を脱構築してひとつの文化に内在する多様性を顕在化させる視点や、多様な文化間のさまざまな力関係を分析する視点は生まれにくい。

冒頭で述べたように、異文化理解論や国際理解教育が、さまざまなテーマや課題と取り組みつつも、構造的な発展、転換を示しにくい大きな要因のひとつはここにあると言えよう。文化本質主義の呪縛から逃れることなくして、国際理解教育や、近年とみに説かれるようになった多文化共生論に、従来とは異なる視点からの議論は生まれにくいというのが、本章における主要な結論である。

しかし、海外の文化仲介者も文化本質主義的で規範的な言説の支配から逃れられないという、問題の構造を提示しただけに留まるのかというと、そうではない。リサーチで得られたもうひとつの重要な結論は、文化仲介者の見解に見られる三種類の食い違いが明らかになったことである。それは、公的言説と文化仲介者の見解の間にある相違、そして、本調査での文化仲介者グループである企業理事、教員、母親の三つのグループ間での相違である。

3. 公的言説と文化仲介者の見解との食い違い

前節までは、政策や研究書等で述べられている公的な言説が、文化仲介者として位置付けた調査参加者たちの見解を、いかに強く支配しているかを示した。しかしリサーチの結果には、限られた論点に関してではあるが、両者の間に見解の相違を示したものもあった。ここでは、そうした食い違いのもつ意味について考える。

公的な言説と文化仲介者の見解の間にある相違のひとつは、「あなたが良いと思う日本の規範と、異文化理解で大切だと言われる日本以外での規範がぶつかった時、あなたはどうしますか」という質問の回答に見られた。公的な言説ではこの二つがぶつかることはあまり考えられていない。「わが国の歴史や伝統文化などに対する理解を深め、これらに誇りと愛情を持つとともに、広い視野を持って異文化を理解し、異なる文化や習慣を持った人びとと共に生きていくための資質や能力を育成することが重要となってくる」（文部省　1988：484）のように、国際理解教育における二つの目的は同時追求が可能なものとして長く掲げられてきたからである。しかし、本章で取り上げた海外文化仲介者の多くは、このコンフリクト・フリーな言説を鵜呑みに支持することはなかった。既に見たように、彼／彼女らの個人的体験や、海外での各々の位置が、公的な言説への躊躇や疑問をもつ可能性を生み出すのである。

このような公的言説との相違は、調査参加者が自ら表明した日本人論の問題に気付いた時、さらに明確に表われた。インタビューの過程で、自らの日本人論がはっきりとした比較の対象をもたずに述べられていたこと、あるいは理想化されたアメリカ等の比較のみに基づいて形成されていたことに気づいた時、調査参加者の半数は、自らの日本人論を変える必要を表明した。彼/彼女らの日常には、まさに想像ではない現実の、しかもステレオタイプ化されたアメリカ人のみではないさまざまな人種や民族の存在がある。そのような調査参加者は、日本と異文化を二項対立的に分けることの問題性を認識せざるを得ないこと、言い換えると、状況によっては文化本質主義的見解が成り立たないと認めざるを得ない場合のあることを、調査結果は示したのである。

一方、調査参加者の中には、「日本人は独特である」と認めることには躊躇しながらも、「日本人の独自性は残したい」という希望を表明する形で日本人論を展開する者もあった。このグループの者たちにとって、文化の本質性は、事実ではなく願望となる。そこには、一枚岩的な正当な日本人や日本文化が望ましいものなのだというイデオロギーが立ち上がってくる。ハイブリッド（異種混淆）性をもった根無し草のような日本人は、このような調査参加者にとっては望ましくない存在であり、その考え方は、根無し草を否定的に捉える公的言説とまさに一致したのである[10]。

公的言説と調査参加者の見解における最大の相違は、しかし、この「根無し草性」に関する問いへの応答の中にこそ見られた。例えば、根無し草を否定的に見なすことは、海外・帰国子女教育では伝統的な公的ディスコースであるにもかかわらず、インタビューを進めていく中で、調査参加者たちは、その公的言説とは反対の見解を示すようになった。あるいは、インタビューのはじめのうちは根無し草に否定的見解を示していた調査参加者も、最終的にはその多くが根無し草性を肯定的に評価する見解を打ち出したのである。彼/彼女らは、日本と海外を行ったり来たりする生き方を肯定した。また、さまざまな国や文化を渡り歩くことによって、根無し草的なアイデンティティが形成されることに対しても、否定的には捉えなくなった。そしてこの傾向は、すべての質問で最も公的言説を強く支持し、規範的見解を繰り返していた教員のグループにも、他のグループと同じように見られたのである。根無し草を否定的にみる見解へのこの転換は、グローバリゼーションと無関係ではない。彼らの周りにいる、自らの祖国をひとつには特定できないようなディアスポリックとも言える生き方をしている多くの人との邂逅、例えばオーストラリアで多様な背景をもつエスニック・マイノリティと出会うことが、調査参加者に根無し草性を否定する根拠を失わせたのである。

以上の結果は、非常に頑固に見える公的なディスコースの影響や、そのひとつの核とも言える文化本質主義的な考え方が、特定の事柄においては、海外文化仲介者である調査参加者によって疑問をもたれたり、修正を求められたりしていることを示している。本章の前半では、日本の国際理解教育が、長年にわたり基本的には同じ課題を掲げ続ける中で、規範的な公的言説がいかに大きな影響力を及ぼしているか、また文化本質主義的見解がいかに根強いかを指摘した。しかし、本節で考察していたように、そのような文化本質主義的見解が弱まり、現状を変え得る有力な契機は存在するのではないだろうか。そして、「根無し草を否定的に捉える言説」への反駁、それはグローバリゼーションが進む中、文化本質主義的なディスコースを突き崩すひとつのきっかけとなり得るのでは、と考えるのである。

4．企業理事、教員、母親グループの相違

次に、企業理事、教員、母親の3グループの見解の相違を考察することによって、規範的な公的言説を乗り越えようとする、もうひとつの新たな可能性を探りたい。調査の結果は、企業理事が規範的な公的言説に、時として批判的であることを示した。例えば、他のグループでは、多くの者が英語を国際化のシンボルとして捉えたのに対し、企業理事には、英語はあくまでコミュニケーションの道具であると捉える者が多かった。他のグループの調査参加者に見られた、

盲目的とも言える英語への思い入れ、あるいは英語に対するコンプレックス感は、彼ら企業理事には少なかったのである。また、「国際社会での普遍的な規範を、日本人は学び、習得すべきだ」という、異文化理解に関する見解や国際理解教育でよく主張されてきた公的ディスコースにも、企業理事の多くは批判的であった。彼らは、そこでの普遍的な規範とは、英語圏、特にアメリカの規範のことであり、日本人が必ずしもそれに同調する必要のないことを指摘したのである。

この二つの例は、多くの企業理事が自らの体験から、特定の事項については規範的な公的ディスコースに疑問を感じ、それに批判的でもあることを示している。彼らの中には、普遍的な規範の存在に対して、その脱構築を試み始めている者も少なくない。しかし、今回の調査結果は、異文化間の事柄にはかなり敏感であったこの企業理事グループが、社会における他の多様性、例えば、男女の差異については必ずしもそうではないことを同時に示した。三つのグループの中で、従来の男女の社会における役割の問題点、そこでみられる不平等に対して最も関心が低く、それを変える姿勢に欠けていたのは企業理事だったのである。ここには、社会のひとつの事象には批判的である人たちが、他の事象には現状是認グループになる可能性を示す、ひとつの例が示されている。

教員たちは、今回の調査において、規範的な公的言説に最も忠実なグループであった。教員は、他のグループより公的言説に接する機会が多い。それは、文部省（当時）が海外・帰国子女教育、国際理解教育を確立してきた過程で、特にそれにかかわる教員に対しては指導の徹底を図ってきたこと、また、海外へ派遣される全教員が、派遣前の研修等で政策文書に基づいた公的ディスコースに接する機会が多くあることなどから、容易に説明できる。しかし、このような教員グループでさえ、海外での彼ら自身の体験により限られた論点に関してではあるが、公的言説に疑問と批判の目をもち始めていたことは既にみたとおりである。多くの教員が、根無し草を否定的に捉える見解から、それを受け入れ、根無し草的生き方の価値を肯定的に捉えるようになったことは、よい例であった。個人的な経験、この場合は海外でのそれぞれの経験が公的言説への見直しの契機となっていくことが、見られたのである。

母親たちは今回の調査対象の中では、公的言説からの逸脱が最も大きかったグループである。彼女たちは自分たちの状況に合わせて、特に自らの子どもの将来にかかわることになると、公的言説を自分たちの利益に沿うように解釈し直すのである。例えば、彼女たちが英語の重要性を強調する時、その理由は英語が子どもの将来に役立つと考えるからであった。そして彼女たちが「役立つ」と言う時、それは公的言説が説くような、国際語としての英語が役立つという意味だけではなく、英語ができることが日本社会の中で受験や就職の際に有利であるという意味も含まれていた。このような母親たちにとって、将来役立つ可能性の低いと考える英語以外の言語は軽視される。「英語以外の現地語も学習すべきである」という規範的言説は、母親たちには振り向かれない。国家の教育政策への不満と不信を最も明確に打ち出したのも彼女たちであり、自らの利益性を他のグループより率直に語る母親たちは、今回の調査参加者の中では規範性から最も遠い存在だったのである。

母親たちは、規範的な公的言説から最も距離を置いており、また本質主義的見解を述べることも他のグループよりは少なかった。日本文化、日本社会を本質的に捉え、かつそれを肯定的に捉えることに彼女たちはあまり興味を示さなかったのである。

母親グループの結果で今ひとつ注目すべき点は、彼女たちの社会における男女の差異についての見解にみられる。すべての母親が、原則としては社会の中で男女が平等に取り扱われるべきだと述べた。さらに、社会の中に男女の差異はもはや存在しないのではないかと述べた少数の母親を除き、大多数は男女の差異を感じると答えている。ただ注意を引いたのは、その現状を変えたいと声を上げた者が比較的少数であり、逆に多数の母親が現状をさほど問題視しない見解を提出したことである。日本社会の男女関係、男女の不平等に関する質問で、多くの母親たちが現状を是認した。

「私は、女性だけの職場にいました。だから、あまり差異は感じなかったです。だからかどうかはわかりませんが、帰国子女教育や日本の社会で、男子と女子が違う捉え方や扱いを受けると言っても、それを自然に受け止めていますから……。」

「個人的にも、わたしの周りでも、あまり男女差を感じることはなかった。」

今回の調査参加者が社会的、経済的に安定した境遇にあることにもよるのだろうが、多くの母親たちが男女の不平等を感じ、問題視する経験を、自らはもたなかったというのが、その説明である。


以上を振り返ると、例えば企業理事や教員が公的言説に批判的な見解を述べる場合、逆に母親たちが現状を是認する場合、いずれのケースにも、彼／彼女らの、現状に対する疑問や批判を形成する経験があったか否かが、ひとつの大きな要因になっていることがわかってくる。その経験とは、教員の場合、さまざまな文化背景が混在する人との出会いであり、母親の場合、女性としての不平等に向き合わざるを得ない局面であったのかも知れない。いずれにせよそれらの経験は、一般化のできない、具体的な立場をもつ者によって、それぞれの具体的なコンテクストのもとで経験され、時にはそれが、規範的な公的言説に対する疑問や批判を生み出す契機となるのである。今回のリサーチで、文化仲介者として社会的に立場の異なる３つのグループを取り上げ、それぞれのグループが公的な言説にどう対応しているかを調べた意味もここにある。その相違の中に、規範的言説の支配にチャレンジし、従来の国際理解教育や異文化（理解）主義に関する見解に新しい視点を提供する萌芽が認められるからである。

5. 文化本質主義からの脱却の可能性

本章では、グローバリゼーションに対するひとつの応答としての教育、特に異文化間教育や国際理解教育と呼ばれてきた領域について、そこで語られるディスコースに注目して検討を試みた。そして、異文化理解や文化観に関する見解が、公的なディスコースと海外在住の文化仲介者によるディスコースにどのように表われているかを考察してきたのである。

結果は、強い規範が公的なディスコースと文化仲介者によるディスコースの双方を支配していることを示した。例えば、社会の「多様性」と「統一性」という相対する二つの理念が、衝突を想定しないで同時に追求可能なものとして掲げられている。また、多くの見解で日本人としてのアイデンティティを確立することと、異文化理解を促進することの二つが、お互いにぶつかり合うことなく達成を図るべきものとして主張されている。これらの規範性に満ちた言説は、他にも、外国語を習得すべき理由や文化相対主義、文化多元主義をめぐる見解など、さまざまな論点において広く認められた。本章は、これらのディスコースを検討した結果、そこに見られるコンフリクト・フリー性とナイーブ性の二つを指摘したのである。

さらにインタビューの結果は、調査参加者の見解が文化本質主義に支配されていることを明らかにした。文化本質主義は、先の規範的な言説をまさに支える概念である。文化を本質的に捉える者は、ハイブリディティや男女の差異性など、社会や文化の内部にある多様性に関してあまり関心がないか、あるいはその意味を認めようとしない場合が多い。文化本質主義に囚われ続ける限り、異文化理解や国際理解教育において従来の枠組みを超える進展や展望は得られにくいのではないかというのが、本章のひとつの結論である。

しかしその一方で、文化本質主義に支えられた規範的な言説に、必ずしも支配されていない文化仲介者の見解があることも明らかになってきた。本章では、文化本質主義を脱構築する要因として、ハイブリディティや男女の差異を考察する視点の有効性について述べたが、それに対応する形で、根無し草を肯定することで規範的な公的言説に疑義を提出している例（3節）、そして、母親たちの、自らのコンテクストでの率直な声が多様性をより重視する見解を生み出していること（4節）などが認められたのである。

一部の企業理事、そして母親たちは、規範性や文化本質主義的見解にあまり強い支持を示さなかった。特に、母親たちの多くは社会的にも経済的にも恵まれているので、一見、現状維持にそれほど批判的ではないように見える場合があったが、その反面、それぞれの立場から自らの利益に基づいて最も率直な発言をし、また最も多様性に富んだ回答を示した。

グローバリゼーションが進行する中、一時的であれ何らかの形で国を離れる日本人の数は急速に増大している。数ばかりではなく、その形態も、学生、技術者、長期の旅行者、専門職に携わる者など多様化の一途を辿っており、また、さらに多様化を続けると予想される。それにもかかわらず、異文化理解や国際理解教育に関する見解において、規範的な言説に対する文化本質主義の強い影響力がなかなか変わらないこと、と同時に、異文化理解におけるいくつかのディスコースの中に、文化本質主義的な枠組みから脱却できる可能性を示すものがあることも、本章では明らかにしたかったのである。根無し草性を肯定的に評価し、社会や文化の内部での力関係に鋭敏になることは、文化本質主義を突き崩すひとつの契機になり得るのではないだろうか。

異文化理解のディスコースにおける文化本質主義は、たいへん根強いものであった。しかし、例えば海外在住経験のある日本人の間で、そのことに疑問をもち、批判的なまなざしを向けて問題点を探り、チャレンジしはじめた人たちの存在があるとすれば、グローバリゼーションがさらに進む中、文化本質主義的な見方は、少しずつではあるが、その基盤が弱まりつつあると言えるのかもしれない。続く第3部では、海外というある意味で特殊な環境から離れ、国内における文化本質主義からの解放の可能性について、さらに追求してみたい。

注

1　第5章の注3を参照のこと。

2　本書におけるディスコースの意味については、第2章注7を参照のこと。

3　異なった種類のものが混在している状態を意味する「ハイブリディティ（異種混淆性）」という言葉は、主に生物学や人種理論の文脈の中で従来、ネガティブな意味で使われてきた。しかし近年になって、社会における力関係、例えば、マイノリティとマジョリティ間のそれを変えていく契機として、意図的にハイブリディティを評価しようとするアプローチもみられるようになってきている。馬渕（2002）を参照。

4　本研究では、世の中に広く行き渡ったパブリック・ディスコース、特にこの領域での政策立案者や研究者たちが述べたり、書いたりしたものを公的な言説として、先の文化仲介者によって生み出される言説と共に注目し、また両者の異同について考察を試みた。

5　マジョリティが英語を話すオーストラリアのメルボルンと、そうではないマレーシアのクアラルンプールにおいて、現地日本人会の全面的な協力のもと、三つのグループからなる約50名の日本人会会員に調査に参加してもらった。本章では、彼／彼女らのことを調査参加者と呼ぶ。

6　個々の質問の基になった7項目は、以下のとおりである。同様の質問は、政策文書、研究書にみられる公的な言説を考察する際にも用いた。

　1　異文化理解の能力について
　　グローバル化（国際化）の中での、異文化理解、共生の能力とは何か？
　2　コミュニケーション能力について
　　外国語能力、特に英語の力についてどのように考えているか？
　3　グローバル化（国際化）の中での国民国家について

国際理解教育における国の果たす役割をどう捉えているか？

4　進歩と普遍性の概念について

日本は遅れている、特にアメリカに対して遅れていると捉えているか？　普遍化とは、欧米化、特にアメリカ化のことなのか？

5　文化相対主義について

文化に優劣はないと捉えているか？

6　他文化の受け入れについて

同化主義、文化的多元主義、多文化主義をどう捉えているか？

7　文化本質主義について

日本文化、社会をユニークだとみなしているか？　日本での他の差異性、特に男女による差異性をどう捉えているか？

7　多文化社会米国理解教育研究会（代表：森茂岳雄）編『多文化社会アメリカを授業する—構築主義的授業づくりの試み』(2005) など、本質的な文化観からの脱却を図ろうとする主張は、最近の国際理解教育の研究の中で少しは語られるようになった。しかし、特にその実践となるとほとんどなされていないのが現状である。

8　それは、誤解を恐れずに言えば、あくまで単一の日本文化から異なる文化を眺め、味わい、そして理解に努めるという、日本における異文化理解の実相を言い表わしたものである。そこでは協調や両立の素晴らしさは説かれるが、葛藤や摩擦、すなわちコンフリクトへの関心は低い。よしんばコンフリクトが生じることが想定されても、それは努力によって乗り越えられる、あるいは乗り越えられるべきであると理念的に説かれるのである。

9　第1章で述べたように、本書では、「ナイーブ」を、「単純すぎる」「無警戒に無邪気な」といった意味を表わす語として用いる。

10　異文化理解や国際理解教育に関する領域において、英語でいう「ルーツがない（rootless）」を意味する「根無し草」という言葉は、複数の異なった国や文化を渡り歩いたが故に、自らの核となるアイデンティティを確立ないしは維持できなかった人々を表わす、否定的な意味合いで用いられてきた。

第3部　本質主義からの解放

第7章 「文化本質主義」脱却への模索——職場での試み

はじめに

近年、「文化観」あるいは「文化の捉え方」に関する議論が、国内においても盛んになりつつある。例えば、本書でも取り上げている「異文化間教育学会」においては、学会の理事を中心としたメンバーによる研究テーマのひとつが「文化の捉え方」についてであり、アメリカから活発に発言を続ける戴エイカが、同学会大会のシンポジストとして提起したのも、「多文化共生」が喧伝される中での「文化」概念の見直しであった。日本社会学会においても、文化の境界線を越えた、そしてジェンダーやポストコロニアル理論を踏まえた論議が交わされることも多い。これらの議論の背景には、グローバル化という文脈の中で「文化」の捉え方を再考しようとする動き、文化人類学等の学問領域における「文化」概念の変容、さらには一九九〇年代以降、各国で燎原の火のように広まったカルチュラル・スタディーズの影響などを考えることができよう。

一方、第1部でみたように、多文化社会を構築してきたと日本国内でみなされている海外の先進諸国、特にアメリカ、カナダ、英国、オーストラリアなどの英語圏では、従来推し進められてきた多文化主義は見直しを迫られている。多文化主義に対する政府の予算やスタッフは削減の方向がますます顕著になり、これまでの多文化政策に対する批判が、左右のどちらの陣営からも続出しているのが現状といえるだろう。そこで問題として取り上げられている重要事項のひとつが、多文化主義における「文化観」である。

これらは、一部の学問領域を除くと、従来は自明のこととして扱われる傾向の強かった「文化」概念……例えば、異文化間関係論においては、「異」や「間」をめぐる議論が多いことに比べて「文化」そのものについての議論はあまり見られなかったこと、また、国際文化研究などにおいては、その英語名「インターカルチュラル」の「インター」や「関係性」に関する考察、あるいは「諸文化」の存在を前提としての論考は多くても、「文化観」に関する議論が活発だったとは言い難いこと……を再考するという作業につながると考えられるのである。これらの領域における文化の捉え方を考え直すために、ひとつの試みを提示したいというのが本章の目論見である。

ただし、文化の捉え方、文化観と言っても、まことに大きなテーマであるし、また、文化帝国主義への批判、文化相対主義の問題、他文化の受容についての議論など、幾つもの課題が立ち上がってこよう。そうした中、本章では特に、文化本質主義に焦点をあてて考察を試みたい。さらに、文化本質主義は、それだけにテーマを絞っても広範な議論の展開が可能であるため、ここでは教育の場における取り組みを具体的に語ることで、課題に迫りたいと考えている。それは、以下に述べるような筆者の問題意識から導き出されたものである。

1. 問題意識

筆者はこれまで、主に異文化理解や多文化教育という領域での文化の捉え方について考えてきた。このような研究が国内で盛んになったのは、そうした領域の、国内における研究の先駆者たちが深くかかわってきた「海外・帰国子女教育」問題に端を発している。問題が顕在化した当初は、帰国後、国内の学校や社会に適応できない帰国児童・生徒ならびにその家族を、日本の国際化に貢献する貴重な人材として評価し、さらには帰国子女教育自体が日本の教育に与える影響の意義をより高めようとする論考や研究が溢れていた。そして、海外帰国児童・生徒への取り組みが、一九九〇年代以降取り上げられることの多くなった留学生や在日外国人への対応のいわば雛形ともなって、日本の異文化理解論は展開していくのである。その流れは、英語圏を中心とする多文化主義への取り組みからも大きな影響を受け、近年は多文化共生社会の構築を目指す議論として、国内でも広く認知されるようになってきたと言えよう。

しかし筆者は、異文化理解や多文化共生社会をいかにして達成するかという議論の中で、「異文化間」や「多文化」という概念に含まれる「文化」に対する理解の仕方に、より強い関心を払ってきた。折しも自らが滞在を繰り返していたオーストラリアでは、一九九〇年代より、「多文化主義」に対する消極的な姿勢が目立ちはじめ、風当たりも強くなって、同国の社会を学ぶべき対象とみなす日本国内からのまなざしからは、かなりギャップのある展開を目の当たりにしてきた。「異なった文化への理解をさらに深めよう」というさまざまな試みが、なぜ期待された成果につながりにくく、一過性に終わる状況すら見られるのか。第1部で検討したように、そうした問いが、提出されはじめたのである。その問いへの応答のひとつが、本質的な文化概念の問題性を問い、従来の文化理解の姿勢を批判的に考察することから議論を進めようとする試みであった。

そこでは、従来の「日本」「中国」「アメリカ」等の国や民族を単位として文化を捉えることの限界性と問題点を常に自省することが求められ、さらに、どちらかというと安定した、かつ明確な境界線をもつ本質的な文化の捉え方が、社会の現状維持に逆に貢献してしまうことに鋭敏になることが要求される。また、文化というまさに多義的な言葉や概念に、力関係が隠蔽されてしまう落とし穴があることに、各自のコンテクストの中で気づくことが重要である。第2部で見たように「日本人論」や「国民性論」が広く論じられ、あるいは、血液型などによる人格論が根強い人気を保つ日本においては、こうした本質主義的な捉え方は横溢しており、なおさらその対応は焦眉の課題となってくるのである。

これら文化本質主義の問題性については、拙著『「異文化理解」のディスコース』において分析を試み、例えば国際文化学会のシンポジウム「グローバリゼーションと文化」においても「陳列される異文化」として指摘を行なった（日本国際文化学会 2004）。しかし、それらの議論の後で、では「本質主義に陥らない異文化理解のあり方をどのように考えていけばよいのか。もう一歩踏み込んだ考察が欲しい」（松尾 2004）といったコメントに出会うことがある。本質主義に対しては、構築主義という捉え方が存在するわけだが、本質主義がヘゲモニーの維持に益していることに気づき、構築主義を視野に入れた文化や社会を捉えることへのアプローチは、果たしてどのようにすれば可能なのだろうか。あるいは、本質主義をまったく排除することに抵抗はないのであろうか。

以下は、筆者が自らかかわる教育の場で、二つの授業とゼミ活動を通じて、「文化本質主義」への気づきの過程を、その契機と状況の実態から分析することを試みたものである。同時に、そうした事例からこの問題解決への糸口を見出し、日常におけるせめぎ合いに活路を見出そうとする葛藤への考察でもある。

2. 気づきへの試み

当時筆者が担当する授業の中で、本研究のテーマと深いかかわりがあったのは、「日本人論の問題」と「エスニシティ」という科目、および後者のゼミである。2科目の授業は、共に2年生を対象としており、筆者は自らの日常の中で、また、学習者にとっても授業という日常のコンテクストの中で、文化本質主義への気づきがどのように立ち上がってくるのかを、ある意味で正面から問う作業を試みたのである。どちらの科目でも、毎週一〇〇分の授業を14週実施し、毎回の授業で、講義と共に、数名によるグループディスカッションとそれを基にした全体での分かち合い、そして毎授業終了後、次回の授業までに「気づきと疑問」を中心としたワークシートの提出を求めた。もちろん授業のすべてで文化本質主義に触れたわけではないが、それぞれの科目では、次のような内容が含まれるようにシラバスを作成している。なお、受講生が女子学生であることから、「女性としての、あるいは女性から男性への視点をできるだけ意識化して発言する」ことの日常化も試みた。

まず「日本人論の問題」は、言説としての日本人論を読み、受講生が自ら選んだテーマによって、各自が5～10点の参考文献を使用し、エッセイをまとめるという科目である。初回の授業で、ブレーンストーミングとして、学生が思いつく日本人、日本社会、日本文化の特徴を表す言葉を挙げてもらうと、「自己主張が弱い」「勤勉」「集団主義」などといった言葉が、必ず登場してくる[1]。そこで以降の授業では、挙げられた特徴が本当にそうだろうかという検証を試みる。学生は、一九八〇年代から一九九〇年代にかけての代表的な日本人論文献[2]を授業の前に読んで、その要約と内容に対する自分なりの応答ができる状態で授業に臨むことが求められるのである。平均20名くらいの受講生なので、少なくとも毎時1回は発表の機会があり、授業が進むにつれて、クラスの半数くらいの学生が積極的に発言するようになってくる。教員（筆者）から提示する考え方としては、次のものを含めるようにしている。まず日本人論言説が、自らの立論に都合のよいエピソードを中心に集めて論述するというエピソード主義に拠っていること、第二に、その言説が日本を比較する場合、比較の対象が限られている（欧米、それも一部が多い）こと、第三に、日本人論言説が、常に日本をひとまとめにして論じていることである[3]。具体的に言うと、多くの学生が、例えば日本人は集団主義的だと思い込んで授業に出てきているので、上記の視点から自らの経験を振り返り、集団主義を肯定できる実例、そして反例を挙げながら、クラスで検証する作業を行なう。そのプロセスにおいては、受講生が強い抵抗感を抱くこともあり、かなり挑戦的なものとなる。

もう一方の「エスニシティ」の授業は、民族問題を事象的に扱うのではなく、社会学の立場からこの問題へのアプローチを考えていこうとする科目である。学生の中には、偏見という各自の心の問題を扱うことから、このテーマへアプローチすることに慣れ親しんでいる者が多いのだが、心の中にある偏見の状態と民族を含む社会的な差別の実態とは、必ずしも連動しない―すなわち、偏見をもっていても差別は行なわない、あるいは逆に、偏見をもっていなくても差別という行為は発生しうる―などの指摘を、例を考えさせながら最初の授業で行なうことにしている。そして、人種主義や民族に関するさまざまな論考とエスニシティの成り立ちを説明する幾つかの見解に触れた後、最終授業の近くで、『民族という虚構』（小坂井敏晶　2002）の第1章「民族の虚構性」を課題文献にして、本質主義的な民族の捉え方と構築主義的な捉え方を正面から取り上げ、ディスカッションを行なう。学期終了後、受講生の中でさらに学びたいと思う者が、卒業生も参加するゼミ活動に加わっていく、というのが一連の流れである。

「日本人論の問題」と「エスニシティ」、どちらの授業も、最終回に数ページの質問紙調査を行なっており、それが今回の調査の予備資料ともなった。

3. 方法論と調査方法

筆者は、今回のリサーチにおけるアプローチとして、半構造化インタビューを用いることにした。個々のコンテクストを重視する質的アプローチの手法を用いたのは、文化本質主義への気づきとそれをめぐるさまざまな考え方を抽出するにあたって、一般化を目論んだ量的調査では掴みきれない調査参加者の声を、各人のコンテクストを重視する中でできるだけ深く聴くことが重要だと判断したからである。またそれは、次のような方法論上の問題意識によっても導かれた。

まず今回の調査では、回答者が「回顧的に自己を振り返り」(Flick 1995=2002：96) ながら、その気づきを自らの経験や価値観の変化と共に考え、語る「過程」が大切であった。さらに、調査者と回答者は、本質主義への気づきという点においては「どちらも、意味を作り出すという作業にかかわり、……回答者は、インタビュアーと共同で知識を模索していき」(Holstein & Gubrium 1995=2004：21)、また、「インタビュアーが相互的な自己開陳に献身的に関わっていると自己呈示すること」(同41) というアクティヴ・インタビューの姿勢を大切にした。そこには、本質主義的な捉え方を脱構築する可能性を探る営みにおいて、「研究者の果たすべき役割は、権力的な位置から社会問題の状態を定義することではなく、ひとびとがどのような問題を社会問題とみなし、クレイムを申し立て、クレイムの共有を迫るのか、そのクレイム申し立て運動過程を記述することである。研究すべきは、問題とすべき『状態』から問題をめぐる『活動』へシフトする」（千田 2001）ことを試みるべきであるという問題意識が存在したからである。

実際の調査では、先述の最終授業時に回収した質問紙に、それ以降の調査に協力可能な場合のみ連絡方法を書いてもらい、該当者23名へのインタビューを、授業終了後６ヵ月以内に実施した。インタビューに当たっては、調査の趣旨、方法、結果の扱いについての説明書を読んでもらい、同意書で再度意向を確認した上で約１時間のインタビューを行ない、必要があれば、了解の上で補足インタビューを実施したのである。インタビュー中は、基本的な質問について既に答えてもらった質問紙を活用しながら、インタビューガイドにできるだけ沿うように試みたが、杓子定規的な適用は避けて、回答者によって時間の許す限り自由に、語りたいことを語ってもらうことにした（Flick 1995=2002：118）。なお、インタビューの質問項目[4]は、「文化本質主義について、これまでどう考えてきて、現在どう考えているか」を中心に、回答者の考えに最近変化があった場合は、その契機についてできるだけ詳細に聞くことにした。そしてそれらの質問の前後に、回答者の価値観や生き方をインタビュアーと共に探る質問として、学生生活、英語を学ぶことについて、卒業後の進路と働き方について、家族観（結婚観）、そして老後の生活についてなどを聞き、可能な限り対話をするような形で進めていった。そのすべてを録音し、さらに文字化した後、読み込み、分類、問題意識でもある「問い」との再度の突合わせ、分析、そして解釈という手順で考察したのである。

4. 文化本質主義を問題化する試み

本質主義的な文化観にどっぷりと浸ってきた学生たちが、いかに本質主義に気づいていくのか、あるいは気づきにくいのか、気づいたとすればその契機は何か、気づいた者は、それを一過性のものとして授業の範囲の経験と見なすのか、それとも継続的な姿勢として定着させていく可能性があるのか、その場合葛藤はないのか。これらが、今回の調査で筆者がぜひ迫りたかった問いであり、インタビューの核でもあった。同時に、気づきが明確に見られた学生と、それがあまりはっきりしない学生との違いが、(英語科の学生である彼女たちが) 英語を学ぶ過程で言語のもつ力関係に目を向けているか、さらに、そのことと女性として自らの生き方をどう捉えているかということとの関係に現われているのかを、考察のもうひとつの中心に据えた。

トランスクリプトの読み込みは、それを作成する過程からはじまることを、今回の調査でも経験した。その後のプロセスとしては、一人ひとりのトランスクリプトと日を置いて何度か向き合い、次に質問項目別に並べ替えたトランスクリプトを読み込む中でカテゴリー化を試み、最後にもう一度、回答者別のトランスクリプトを考察するという順で分析を行なったのである。結果、今回の調査からは、文化本質主義の問題化への応答として、次のような四つのタイプが浮かび上がってきた。

1　文化本質主義の問題性に明確に気づくケース

回答者の約半数は、本質的な文化の捉え方を問題化するようになったことを、明確に語った。[5]

学生Aは、「(エスニシティの) 授業の後は、生活の中でいっぱいひっかかることができてしまった」と振り返り、友だちや周囲の話が「本質主義だらけで堪らない」と述べるが、同時に「気づいてしまうと、ほんましんどくなった。でも、たいていは、(周りに) そうやな (そうだね) って合わせることが多い」と告白している。気づきのきっかけについては、筆者の授業と、平和学の二つの授業を挙げたが、「その三つは、核心かも知れないけれど、他のすごく本質主義的な捉え方の授業がなかったら、比べられなかった」とも言う。さらに、これからの生き方について、「勉強して、矛盾だらけのところをちょっとでも、一個でも変えたいと思う。(自らが寂しがり屋であることの話をした後で、) 一人で生きていくことの寂しさというのも、ひょっとしたらいつかは卒業できるかも。だって、なんぼでも (多くの人が) ひとりで生きていってるやないですか」と語った。

学生Cは、民族の構築性に気づいたことを、在学中の最も大きな気づきのひとつに挙げたが、授業の展開方法について「突っ込まれるところが新鮮。私も（以来、自身も書いてあることを疑うようになってきたが）、私が疑っている一歩先まで疑って突っ込まれると、『うぇ』ってなり、私の限界になった。その後は、もう迷宮」と述べ、自らが迷宮と表現した状態を肯定的に評価した。将来の生き方に関しては「パートナーは、一生にひとりでいいと思っている。それは、場合によっては男の人ではないかもしれないけれど」と言い、続けて「子どもとか女の人の特権、喜びも感じてみたいから、結婚はしてみたいが、でも結婚という形に縛られることなく、パートナーは欲しいと思う。出来なくても、最悪（笑い）の時はしょうがない」と補足した。

学生Gは、「（筆者が授業中に例示した）日本人とアメリカ人との差異より、日本人の中の、医師の男の人とパートの母親との差異の方が大きいことを示したマトリックスに、あっそうかと思ったことをすごく覚えている」と述べた。この学生は、以前から一般化の問題を考えていたが、「エスニシティ」の授業の前に自分で読んでいた本と、授業中の教師の例え話から気づきが得られたことを、「深さが増して、いろいろ不安定だったのが安定した」と振り返っている。彼女は、在学中より学外の平和集会等に積極的に参加し、現在もゼミの中心メンバーのひとりである。

学生Kは、「めっちゃ納得した。（この授業を受ける前は）他の授業や、外国人と話すとき、そう言う（周りに合わせて本質主義を肯定してしまう）自分に抵抗があった。（今は）一概に言えん（言えない）けど、という言葉をつける。がんばっている。授業のあと、メールやチャットで、（友だちが語る言説に）反撃することが多くなった」と述べる。「反撃とは？」とその例を聞くと「授業で、英語が国際語という言説に、私だけが抵抗のある人だった。実際そうやんと（友達に）言われて、やりあった」と説明した。彼女は、「（授業で「根無し草」を扱った際に）結構自分が根無し草（どこにも属していない状態）ではないかと思う。けど、（ゼミにいた他のメンバーが、日豪を行き来した自らを例に取って）国とか関係なくて、自分は自分と言われ、すごい私ほっとした思い出がある」とも語った。

学生Lは、「私の中ではすごい大きな発見」と授業を振り返り、「（「日本人」や「女性」といった一般化に対して）私は違う、みたいな、大阪的に言ったら突っ込みたくなるみたいな」と見解を述べた。さらに、「（授業でやったことは、）これからめっちゃ活かせそう。二つあって、ひとつは批判的に読むことに慣れてきた。もうひとつは、授業や集会で、しーんの（しんとした）状態でも、私は言う」と自らの姿勢の変化を語り、将来については、「私は、絶対自分として生きていきたいんで、だれかの嫁とか、だれかの母とか、そういう付属品のような生き方はできへん」とも述べた。

学生Mは、「すごい新鮮。最初はびっくりした。そういう見方、そういう先生もいるんだ、みたいな」と振り返った後で、「（最近の血液型についてのテレビ番組をもち出してきて）私は、そういう番組をしてはならないと思う。反対です」と批判した。彼女は、専攻している英語に関して「（自分は）英語という言葉にこだわりすぎていた。英語は国際語という言い方は、そうなると英語圏の国が有利になるので好きになれない」と言い、同時に、近い将来について「結婚して子ども生むまで、（仕事の期間が、勉学の期間の割には）すごい短いじゃないですか。（育児休暇が十分でない企業が多いことに自らの懸念を述べた後）そうすると、習った知識を結婚までには活かせないと思う」と現在の葛藤を語った。

学生Pは、「びっくりした。（授業の後で）例えばステレオタイプに気づいて、あ、どうしよ、みたいなことがある」と述べる。この学生は、英語を学習する点に関して「（ある時）日本に住むんやったら、別に英語使わんでもいいやん、という考えに出会ったとき、ほんとびっくりした。私の周りは、全部、日本にずっといるのに（英語）しゃべれた方がかっこいいやん、という感じばっかりやったから」と振り返り、将来に関しては、「もしパートナーいなかったら、友達と暮らします」と述べ、インタビュアーが「それはそれでいいの？」と尋ねると、「はい、全然」と答えた。

２　文化本質主義の問題性に気づきながらも本質主義への拘りを捨てきれないケース

学生Ｆは、「（ゼミに参加して）それまで自分のアイデンティティになりつつあったものが、虚構、虚構！　みたいな。………ちょっと衝撃を受けた。でも虚構であるにせよ何にせよ、民族というものがあるから、私は支えられている。（それがなくなれば）どこにおればいいの？　と。やっていけないと思う」と言い、「海外旅行に行くとき、パスポート出すところも違う」と自らの体験に基づいて民族性へのこだわりを語ってくれた。

学生Ｊは、「根本から揺すぶられた。（本質主義を問題視することへの）違和感は、私の考えていたことが否定されたこと。で、私も考えを巡らせて、（民族性が）作られたところもあるんやって（気づいた）。でも鶴橋のコリアタウンに行ったら、私もここの仲間かもしれないと思う」と語る。さらに、「（構築主義的な捉え方に対して）でも、それじゃあかんねん、と私の中でまた思ったんですよ。だって、こだわれへんってことは、私は、許すの？　その人たち（のこと）って思うんですよね。………やはり怖いというのがあるんですけど、だからその反動かもしれないけれど、私は人よりは頑張らなくてはと思ったりする」と、考えが揺れてきた状態を率直に語った。

学生Ｕは、「（民族の問題、多文化主義の問題を考えるに当たって）力関係をなくして（抜きにしては）考えられないと思った。すごく新鮮な気づきだった」と述べるが、同時に「一方で、本質的なもの、日本人だったらこういうもの、とかあったら、うれしいかな。所属とかルーツとか、なんか定まっていることに安心感が得られるかなって」と、すべてを構築主義的に捉えることへの躊躇を、これも率直に述べた。

このグループに属するのは以上の3例であった。これらの学生は、図らずも在日韓国人であったり、被差別部落出身や帰国生であったり（それらのことは、学内で彼女たちがオープンにしている）と、他の学生と異なる経験をもつ。そのことが大きく影響していることは、彼女たちの語りから読み取れるものの、本質主義へのこだわりの唯一の理由になっているかは、今回のインタビューだけでは特定できなかった。

3　文化本質主義の問題性の気づきに抵抗感を示すケース

このグループは、本質主義を問題化することに、率直な抵抗感を述べた学生たちである。

学生Dは、「あまり（本質主義では説明できない）反例ばっかり並べられると抵抗がある」とはっきり違和感を口にし、学生Hは、「（日本人が必ずしも勤勉ではないと言われることに対しては）日本人としては嫌ですね」と抵抗を示し、学生Tは、「今はそう（本質主義に問題があると）思っても、社会に出ると、きっとまた逆戻りしそう」と、正直に自らに内在する本質主義的な考え方を述べた。ただ、今回の調査では、この3名の学生には、他の質問に対して、ひとつの共通する回答が認められた。

学生Dは、英語が好きになった理由を「(英会話学校で) 大人、背広を着た人と話すのが楽しい」と述べ、「(将来) 客室乗務員になるのには、絶対英語がいる。だから英語。(将来は海外で働きたいが) 中国は社会主義国家だし、絶対違う (自分の行きたいところではない)」と言った。学生Hも、英語を学ぶことに対して「スパルタでやったらやっただけ (言われた通り頑張るほど) 評価された」とこれまでの学習に疑問をもたないことを述べ、「(英語が世界共通語と言われることに関して) 理解しやすいのが英語だと思うので (違和感はない)」と述べた。学生Tは、「やはり共通語があると、ひとつにまとめられていて、それをみんなが話せるとコミュニケーションがとれたり、……英語がいちばん簡単なコミュニケーション手段かな」と述べる。この3名は、それぞれの語りから、ひとつ目のグループで多くの学生が述べた英語のもつ他の言語との力関係については、かなり単純化された見方をしていることがわかる。

学生Rは、「(日本人論の問題の授業を振り返る際も) 日本は米食なのでアメリカ人とは違う」と述べるので、インタビュアーが「最近の日本人は米食とは決め付けられないのでは」と言うと「先生、そんなん揚げ足取らないで下さいよ」と言い、「最近、日本人も変わってきたから。でも少し上の人らは、やはり典型的な……OECDのテストでも1位だったし、バブルが崩壊するまでは、日本が絶対いちばん勤勉」とかなり強く反論を述べた。この第3グループの学生たちの語りからは、「絶対」「典型的」という言葉が頻出することも特徴的であった。

4　文化本質主義の問題性に気づきにくいケース

このカテゴリーに入るのは、文化本質主義に抵抗を示したわけではなく、かと言って本質主義を明確に問題視することもしなかった学生たちである。

学生Oは、文化本質主義に問題を感じないかという質問に、「日本人のグループ志向に、あーそうかなと思う」と述べ、インタビュアーが「そうした一方的な見方に授業では再考を迫ったのでは」と確認すると、「あー、そうでしたね」と、ばつが悪そうに訂正した。

学生Qは、「そのときは、あーそうなんや（と思うが）、でも普通の生活に戻ってしまうと（もとに戻る）。多分、授業中だけ、変わっていたと思う。（だから）むっちゃいっぱいあったのに、今は直ぐに思い出せません」と率直に語っていた。

学生Sは、「先生が言わはったら、あーそうか、と」と述べ、「（英語も）もっとがんばらなあかん」とも言って、素直に教員の期待に応えようとする様子がうかがえた。将来については、「私は結婚して、それでも絶対仕事続けたいとかそこまでは思わなくて。主婦になるならそれでも全然いいと思います。早ければ、早いほどいい。やはり若いと、子どもといっぱい遊べる」と述べ、彼女の周囲に結婚願望に否定的な友人が相当数いる中で、正直に気持ちを表わしていた。

学生Ｖは、率直に、授業について「わからへん（わからない）。覚えてない」と振り返り、英語学習については、「（将来、英語を忘れたら、せっかくやったのに）すごい、悲しい」と述べ、英語そのものについて他の授業で英語帝国主義的なことを学習しているが、それに対して「難しい、わからへん」と率直に述べた。

学生Ｗも、「あんまり考えたことなかった」と、素直に振り返るが、「特に覚えているものはないか」という質問にも、「はい、なにか無意識のうちに自分の中に取り入れられていると、たぶん、思う」と述べて、明快な回答は得られなかった。

このグループの学生の声は、今回インタビューした範囲に留まらず、授業を受けた学生の多くから出てきてもなにも不思議ではないものである。それを、彼女たちはたいへん率直に告げてくれたことになる。

5．まとめと課題

本章は、文化本質主義を問題化する取り組みについて考察したものである。具体的には、筆者の日常の一部でもある授業という営みの中で、受講生が文化本質主義にいかに気づくか、あるいは気づかないのか、その過程を探ると共に、彼女たちの価値観や生き方への姿勢を問う中で、この問題への取り組みの手がかりを得ようとしたのである。

学生たちは、学内では、語学を学び、多文化との出会いや共生の意義が強調される環境の下にある。しかし、そこで語られる「文化」は、伝統的な本質主義的文化観である場合が多い。加えて、一九九〇年代後半より世界各国が多文化の受け入れに消極的になりつつある状況が、二〇〇一年の同時多発テロ事件以降ますます加速され、日本国内では、古来の伝統や価値観を大切にしようという、まさに文化本質主義が色濃く反映された言説の勢いが増しており、学生たちは当然、そうした風潮の下に生活を送っている。滔々と押し寄せる言説や規範に対して、そこに内在する文化本質主義の問題性に気づくことは、いかに小さくとも、ひとつの問題解決への活路となるのではないか。本研究は、そのような問題意識に基づいて始められた。

筆者はそれを、研究者にとっても、調査協力者（学生）にとっても、できるだけ日常の、すなわち授業というコンテクストで試してみたかった。ある意味ではたいへんナイーブな試みだとの批判があることも危惧したが、学生と教師の授業というインターアクション分析の意義を説く研究（倉地 1998）などにも触発されて、今回の調査の準備に取りかかったのである。前年度にシラバスを改訂し試行した後、一〇〇名近くの学生に、文化本質主義的な見方の紹介と、学生各自の状況の中でそれを批判できる内容にして授業をぶつけてみた。そこに、「すでに社会的に構築されており、ヘゲモニックなイデオロギーの作用を吸収してしまっている彼女たちは、どのようにしたら、自らを構築するプロセスを分析し、批判する力をもちうるのだろうか」（川嶋 2004：145）という切実な問いかけが、また文化本質主義が隠蔽する社会の力関係への気づきと働きかけを喚起したいと言う、いわば願いが込められていたことは否定できない。

結果は、受講生の約４分の１が積極的に調査に協力し、一人一人の取り組みを言い表わしてくれた。その詳細を繰り返すことは避けるが、今回の調査に限られてはいるものの、次のような特徴が浮かび上がってきたと考えている。

まず、筆者の予想を超えて多くの学生が、本質主義の問題性に気づき、同時にそこから自らの生き方への指針を見出そうとしていたことである。一部には、以前から本質主義に違和感を抱いていた学生もいたが、多くの学生にとって今回の授業は、驚き、あるいは新鮮であったと振り返っている。中でも何名かが「突っ込まれる」という同じ表現を使って、そのような経験がほとんどなかったと述べたことが印象的であった。では学生は、具体的には何が契機となって本質主義の問題に気づいたのであろうか。その主要なものは、教師の話―ただし具体的な例え話の効果が大きい―と、友だちとのディスカッションであった。課題や参考文献を読んで気づいたという学生は、今回は数人に留まった[6]。

本質主義の問題性に気づいた学生の多くは、日常生活でも過度の一般化を警戒し、さまざまな言説に批判的になる。言い切り型の考えを受け入れるより、疑問が続出する状況に身を置くことを肯定的に捉える者も出てきている。しかし、何人もの学生から、本質主義に気づくと日常が「しんどくなる」[7]、そして、面倒な場合は、本質主義的な言説とわかっていても、表面的には抵抗せず周りに合わせるという実態が述べられた。一方、周りの人（親や友人）には分かってほしい、時々議論をすると語り、中には変化しない周囲に苛立ちを覚え、自分が何とかその周囲を変えたいと言う学生もいた。

また、このグループの学生には、他の質問に対する回答において、すべてではないにせよ、かなりはっきりとした傾向が見られる。そのひとつは、英語科という英語を学ぶことが当然視される環境にあって、言語による力関係に敏感になり始めていることであり、もうひとつは、同年代の学生に結婚願望が強い中で、結婚よりも、また仕事に限らず、何か自分なりの生きがいを見出したいとする者が多かったことである。

次に、文化本質主義の問題性に気づきながらも、本質主義的な捉え方への拘りを捨てきれない学生も、今回の調査では少数ながら存在した。彼女たちの、文化の構築性は認めざるを得ないが、そうすると自らの拠り所を失うかもしれないという不安は当然のことに聞こえたし、そこからは、スピヴァク（Spivak 1988）やホール（S. Hall 1996）が述べた戦略的な本質主義を選び取ろうとする姿勢も感じられた。また、本質主義的な言説や見方にほっとすることもあるとの声も寄せられたが、すべての本質主義がヘゲモニーの維持に貢献するのかといった議論も含め、こうした「ノスタルジー」とかかわる問題は、筆者にとっても今後の課題だと考えている。

本調査においても、文化を本質主義的でない見方で捉えることにかなりの抵抗感を示す学生がいたことは、不思議ではないだろう。彼女たちは筆者の授業で、教員や一部の友人が文化本質主義を問題視することへ、率直に違和感を抱いているのである。特に日本について、その特色を指摘する数々の言説が批判的に扱われることに対しては反発があった。ただその場合、本質主義的な捉え方のどこかに問題があることは認識しながらも、自らの見解との大きなギャップを扱いかねて、そうした議論にはついていけないとするケース、拒否反応的に本質主義以外の見方を強く否定してしまうケース、またその中間的なケース等のバリエーションが見受けられた。また、一般化するまでには至らないが、このグループの学生には、言語の力関係やジェンダー問題にはあまり関心が強くないという傾向も、今回の調査では表われていた。

最後のグループは、文化本質主義は問題か否かという議論そのものに、あまり関心を示さない学生たちである。彼女たちからは、あまり覚えていない、授業のときは何か考えていたけれど、といった反応が繰り返された。中には、「文化本質主義が問題であると聞けば、そうかもしれないと思うが、反対の立場の考えを聞けば、それもそうだと思う。それ以上批判的に考えることは、はっきり言うと苦手である」ということを率直に語る者もいた。彼女たちの応答もまた当然のことであり、今後この問題を扱う際の、ひとつの課題となるだろう。

最後に、本研究の限界と課題について述べておきたい。幾度か触れたが、筆者は今回の試みを、文化本質主義に対する取り組みへのひとつの糸口と捉えて実施した。調査に関しても、批判を加えながら、さらに考察を深めていきたいと考えている。また調査では、対象にしたのは授業の受講生であり、かつインタビューに積極的に参加してくれた者であった。調査（インタビュー）への参加を希望しなかった学生からは、上記の3や4のタイプの応答がもっと多かったかもしれないことは想像され、積極的な自己開示を必要とする調査の性質上、致し方なかったとはいえ、そうした本調査の限界性には、当然のことながら留意が必要であろう。

幾多の課題を認識しつつも、一方では、今回調査に参加してくれたすべての学生たちの語りから、実に多くを学ばされたことも付言しておきたい。実のところ実施前には、「文化本質主義」という抽象的な概念を正面から問うこのような試みに、学生たちが応答してくれるだろうかという不安があった。すべてではないにせよ幾人もの学生が、問題を自らの状況の中に引き込んで具体的に捉えようとしたこと―彼女たちの「私は、私の状況の中で、こう考える」という語りには正直圧倒された―またその過程で、文化の構築性や力関係という、ある意味で抽象的な「捉え方」に気づいていく姿に出会えたことは、調査した者にとっても、何ものにも代え難い気づきとなった。自らが生きていく中で、「しんどい」と感じつつこの問題とかかわり続けようと語った学生に、調査をする者とされる者の立場を超えて、今後のより深められた取り組みへの契機を与えられたことを述べておきたい。

注

1　学生にとっては、学科が英語科ということもあって、言語や文化に関する授業が多く、グローバルな事柄に触れる機会は多いと言える。ただし、それが逆に文化の安易な比較につながり、アメリカではこう、日本ではこうだと言った一般化された言説が飛び交う下地を作り、中には英語至上主義に走ったり、とにかく英語を使った仕事に就きたいという、言語や文化の力関係にナイーブな学生を作り出す危険性も伴っている。

2　具体的には、ヴォーゲルや中根、土居などの日本人論が含まれるわけだが、それらかなり以前の日本人論が社会全体に根強く影響力をもっていることについては指摘されており、重要である（詳しくは、吉野 1997）。

3　本書の第5章の内容を英語でまとめたものを教材として用いることもある。

4　事前に、数名にパイロットインタビューを試み、質問の内容、順序を変更した。

5　以下、「　」は学生の語った言葉、（　）は、筆者が要約したり、意味を補うために加筆した部分である。

6　これは、今回の調査対象が学部の2年生レベルであることが影響しているのかもしれない。しかし、筆者が以前、日本人論の影響をビジネスマンと学校教員に調査した際にも、影響を受けた具体的な書籍名までを挙げることのできた回答者はあまりいなかった。書籍の影響については、今後の課題である。

7　この関西特有の表現は、多くの回答者から発せられたが、その「しんどさ」は、そこから逃れたいというよりも、むしろ肯定的に味わっているとの意味で語られた。

第8章　「異文化間教育」の捉え直し――学会における試み

はじめに

「異文化理解」や「異文化コミュニケーション」という言葉は、現在広く使われているが、そうした言葉や概念を国内に紹介した研究者の集まりに、一九八一年に設立された「異文化間教育学会」がある。本章では、教育という領域で、日本国内の異文化理解論を牽引してきた同学会の試行錯誤を考察することによって、見えてくるものを探りたい。

設立後すでに四半世紀を経た同学会では、最近の大会において「異文化間教育の語りなおし」をテーマにした特定課題研究が企画された。コメンテーターとして参加した筆者は、その折の個々の発題に共通するものとして、（1）方法論において客観性を重んじる実証主義からポスト実証主義への移行、例えば研究者自身の価値観や位置取りなどをより重視しようとしていること、(2)二項対立的視点への問題提起やハイブリッド性の評価、すなわち本質主義から構築主義への脱却がみられること、(3)研究者自身が自らを振り返ることを重要視していること、の3点を指摘した。ここでは、それらの検討を踏まえ、筆者の最近の問題意識に基づいて考察を進めたい。すなわち、本質主義からの脱却がなぜかくも困難であるのか、自らを振り返ることとの意義性、そして研究者としての位置取りの3点を中心に試論を提示したいと思う。

1.「日本人性」と文化本質主義

先に触れた特定課題研究の前年のテーマは「日本人性」であった。そして、この「日本人」「日本社会」「日本文化」という捉え方にメスを入れる作業[1]は、「異文化間教育の語りなおし」という今回のテーマにも引き継がれている。課題とされているのは、文化を本質的に捉える見方や姿勢であろう。

本書では、文化本質主義を「各々の文化は、その文化を表わす純正な要素をもっており、他の文化との間に何らかの明確な境界をもっている、と捉える文化観」だと捉え、それが最も顕著な形で表われたもののひとつが、「日本人論」あるいは「日本文化論」と呼ばれる言説だとして、ここまで検討を加えてきた。ナショナリズム研究の第一人者でもある吉野は、そうした日本人論の主な関心を「日本人と外国人（西洋人）の行動・思考様式の差異の体系化、意識化を通じて『我々』と『彼ら』のシンボリックな境界線を引くことにある」（吉野 1997）としている。吉野はさらに、「（そうした）日本人論の担い手は、自分の経験や知識を背景に、外国人、外国社会と比較して、日本人の行動・思考様式、日本社会の独自性を理論化する、広い意味でのポピュラー・ソシオロジストあるいはポピュラー・アンソロポロジストと言われる人々である」と述べる。

では、そのような「日本人論」「日本文化論」の一体どこに問題があるのだろうか。5章で述べたが、主な点を整理すると次の諸点が挙げられよう。まず日本人論言説は、自らの立論に都合のよいエピソード主義に拠っていること、第二に、その言説が日本を比較する場合、比較の対象が限られていること、第三には、日本人論言説が、常に日本をひとまとめにして論じていることである。[2]

こうした日本人論に代表される文化観は、静態的文化モデルとも呼ばれる。西川は、「現在も広く通用している文化観のほとんどすべてが、この静態的なモデルにもとづいて組み立てられ、論じられている」と指摘し、さらに、このような文化観が基盤となって展開される「文化相対主義」ならびに「比較文化論」の二つを痛烈に批判したのである（西川 1995：135 ～ 141）。[3]

このような観点から、「異文化間教育学会」で試みられてきた従来の研究を振り返ると、どのようなことが見出せるのか。学会紀要では、当初、次のような見解が頻出する。「自我は、日本人の場合、控え目、他人への気兼ねに支配されるひ弱な自我である。………（中略）………それだけに欧米人にとって、『日本人の発言は、墨絵に似ている』と評され、いつも言葉で表現されない部分を読み取らなければならない『悪魔の言葉』となる」（1号：14～15）、「特『異』な文化・伝統をもつ我々にとっては、他国・他民族・他文化の理解は非常に困難なものであるとの自覚が、国際理解の根底となる」（2号：78）。

こうした見解は、その後も継続的に見られ、「西欧においては、期待主体が神のレベルまで一般化されている。すなわち内的一貫性として良心が内面化されている。それに対して、日本人の場合には、伝統的に、一般化がムラという狭いソトのレベルにとどまっている」（9号：42）、「アメリカでは『内なる世界』そのものが多民族・多文化社会である。それに対して、議論があっても、わが国は単一民族・単一文化を誇ってきた国家である」（12号：64～65）等々、一貫した日本特殊論が繰り返し説かれるのである。

もちろん、学会紀要には、本質主義か反本質主義かといった単純化された範疇で論じるにはそぐわない多くの論考も含まれているし、次節でみるように本質主義の問題点を鋭く指摘した論考も掲載されている。しかし、こうした議論に関心を払わない見解に出会うことは、現在でも稀ではない[4]。筆者は、このような立場から研究を深める、あるいは発言をしていくことの妥当性を問う作業に、国内に「異文化」という言葉や概念、またそこから生まれてきた多くの議論の隆盛におおいに寄与してきた「異文化間教育学会」が、いま真剣に取り組まなければならないのではないかと考えるのである。

そうした意味で、今回の特定課題研究における3者の発題は、「自らの文化」と「異なる文化」、また「日本人」と「他者」などという二項対立的な思考から脱却する取り組みへの糸口を豊かに提供するものだったと言えるだろう[5]。例えばまず有川（2006）が、『留学生』、『日本人学生』という二つのグループに学生を分けることの妥当性に疑義を挟む」ことを提示し、続いて渋谷（2006）が、「ある英語圏で育った日本人大学生の『日本人らしさ』を、無意識のうちに研究者である自らが測定する位置に立っていることに気づいた」ことを吐露し、山ノ内（2006）が、「（調査の過程において、自らが予め想定する）『リアルな日系人の調査』を知らず知らずのうちに求めていた（傍点筆者）」ことを告白するなかに、鮮やかに示されていたのである。山ノ内はさらに進めて、「（彼我の）差異が存在していたのは、『私』の頭の中であった。それにもかかわらず、『差異』をより強化し、彼らを『他者』として表象したのは『私』である」と分析する。こうした視点こそが、「異文化理解」に携わる者すべてに共有される必要があると筆者は強く思っている。

しかし、翻って考えてみると、筆者のこうした指摘は目新しいものではない。例えば、紀要

『異文化間教育』19号の特集テーマは「越境のもたらすもの」であったし、同22号では、中島(2005)も、20年前に刊行された紀要創刊号での江淵の論考で「日本人性」を巡る議論があったことを引用して、「もしこの議論を時に応じてもっと意識的に進めていたら、異文化間教育研究はもう少し違った様相をみせていたのではないか」と指摘している。また、二〇〇四度特定課題研究における戴(2005)の問題提起が「多文化共生」言説における「文化」概念の再検討を強く迫るものであったことは記憶に新しい。同学会において、文化本質主義に関する議論が市民権を得ようとしている例だと言えるだろう。

ここで、二つの「問い」が立ち上がってくる。ひとつは、それらの批判にもかかわらず、一体なぜ本質的な文化観が、かくも生命力をもち続けてきたのかということであり、もうひとつは、文化本質主義は、本当にそのすべてを否定されなければならないのかという問いである。まず、第一の問いから考えたい。

日本人論の中で特に影響力をもたらしたものは、中根、土居、ヴォーゲル、ライシャワーなどの筆者によるものとされるが(杉本・マオア 1995)、その多くは一九七〇年代の論考であり、かなり以前に世に出されたものである。しかしこれらの日本人論は、多くの点で批判を受け、そのままの形で説くことの問題点が指摘されながらも、その影響力はなかなか衰えず(小坂井 1996;吉野 前掲書)、現代も広く巷間に流布している。吉野は、かつて喧伝された日本人論、例えば「タテ社会の人間関係」や『甘え』の構造」、あるいはさらに古い「西洋の罪の文化に対する日本の恥の文化」のような言説が、文化仲介者という知識層からはなかなか払拭されない実情について、新たな文化観が伝播するのには時間差があるためだという説明を、社会学の立場から行なっている。また、その責任の一端は、国際的に活躍するビジネスマン、語学教員や国際理解にかかわる教員や研究者にもあるとの指摘を行なっている。こうした問題に対しては、社会心理学の立場からも、幾つかの優れた説明が試みられている（Pickering 2001；小坂井 2002）[6]。

筆者は、以上の議論に加えて、本質的な文化観から逃れられない一因に、「異文化間教育」の「異」という概念の立て方が一役買っているのではないかとの考えをもっている。以下では、それについて考察したい。

2.「異」文化間という捉え方について

前節では、これまでの学会紀要『異文化間教育』に文化本質主義の視点が色濃く投影されているものをあえて紹介した。しかし、当然のことながら、近年の特に文化人類学などにおける「文化」の捉え直しを反映させた視点も学会紀要には紹介されている。例えば、「しかし、実際には、文化を本質的なものとして語る言説に出会うことのほうが多い。それはなぜなのだろうか。………（中略）………そして、この臨機応変に生起する文化という視点からみれば、『異文化』という言葉自体もはや自明ではない。とすれば、文化人類学の目的も『異文化』理解のための教育というより、『文化』理解のための教育と言い換えたほうがいい」（10号：141～142）、「この特定課題研究は『異文化間教育の実践的展開』となっているが、『異文化間』という言葉には、『われわれ』と異文化の『他者』という二分法が暗黙の前提となっている響きがある。こうした暗黙の前提は、この特定課題研究で討論されたことと矛盾している」（12号：6）等の論考である。

ここまでも繰り返し述べたが、「他者」や「異」を前提として「文化」を捉え、考察することは、よほど注意しない限り、「文化」のもつ多義性に論点が絡み取られ、あるいは魅惑されてしまい、それゆえに「力関係」という重要な視点が覆い隠され、結果としてさまざまな集団間の社会的構造は現状が維持されるという危険性がある。今回の特定課題研究で、山ノ内はそれを「『私たち』と『彼ら』の間の差異を還元不可能な『文化的差異』として表象することが、社会的不平等や不公平を『自然なもの』として隠蔽してしまう」と表現した。

しかし、そうしてみると、異文化間教育学会、そして紀要『異文化間教育』には、本質的な文化の捉え方とそれに疑義を提起する構築主義的な視点とが、まさに混在してきたとも言えるだろう。だが、筆者の管見する限りにおいては、それらの視点はお互いにあまり接点をもたずに展開されており（もちろん反本質主義者は、本質主義を意識し、問題視するが故に議論を提起しているという現実はあるが）、両者の間に有意義な対話がなされた記憶は少ない。これについて丁寧な分析をすることは、本章の域を超える仕事となるが、学会として、いよいよこうしたレビューが行なわれるべき時期にきているのだとも思う。

この「本質主義」と「構築主義」[7]に関しては、さまざまな領域、視点から既に論じられているが、今後の議論を展開するに当たり、筆者が重要に思ういくつかの留意点について触れておきたい。それは、前節で述べた、本質主義のすべてが否定されねばならないのか、という二つ目の「問い」にかかわる点でもある。

まず、「カテゴリー化」と「本質主義」は分けて考えた方がよいだろうということである。今回の特定課題研究における質疑応答の場でも、この点への言及があったが、通常、何らかの区別、分類を避けて議論や考察を進めることは難しい。しかし、このカテゴリー化に伴う固定的な一般化には、十分な思慮が求められる。先に注2で取り上げた小坂井の考察は、この点に関してもひとつのヒントを与えてくれるものだと思う。第二は、本質主義に意識的に立脚する必要も、時にはあるということである。よく言われる戦略的な本質主義であるが、その重要性への認識と分析は欠かせない。しかし、さらに一歩進めて考えると、「そこで戦略を選べるのはだれか」（塩原 2005）という問いが再び立ち上がってくることも見逃してはならない。戦略的な本質主義とは、理念的なものではなく、個々の文脈でしか意味をもたない「せめぎ合い」であろう。この点に関しては、次の第9章で再度取り上げたいと思う。最後は、本質主義をただ排除しようとする、あるいは構築主義との間で二項対立的な捉え方をすることを避けつつ対話の構築を模索することが求められる点である。過去に、批判的な多文化主義者が同化主義者やリベラルな多文化主義者を追及する過程で、両者の間に大きな溝ができてしまった事例に学ぶところは大きい。[8] 脅威を感じて語りにくい環境ができあがることは、どのような状況にあっても、そしてそれは社会における支配的な立場に立つ者であっても経験することであろう。その対話の回路を確保するためにも、自省的、かつ率直な議論が求められるのだと思う。そしてこれらの考察は、振り返りの意義性を考えることにつながっていく。

3. 振り返りの意義

今回の特定課題研究におけるもうひとつの焦点は、「自己を振り返る」ことであった。それは、1節でも触れたが、留学生時代に「日本人」として一般化された違和感を覚えながら、今、留学生をカテゴリー化している自分自身に気付いた有川に、またインタビュー後に作成したトランスクリプトに、研究対象である学生の日本人性を探る自らのまなざしに気付く渋谷の語りに、そしてブラジルでのフィールドワークで、日系一世にも三世にも抱く戸惑いや居心地の悪さを契機に、研究者としての自らの構えに言及する山ノ内の姿に、私たちへのメッセージとして表出されていた。

研究の対象も文脈も異なるが、そこに共通するのは、調査する側とされる側との関係を自省的に捉えようとする試みであろう。本書でも、第6章や第7章でインタビューを調査方法として用いてきたが、アクティヴ・インタビューというアプローチ（Holstein & Gubrium 1995=2004）では、インタビュアーと回答者の双方に、共に意味を作り出す作業に積極的であることが求められる。そして、研究者自身でもあるインタビュアーは、常に自己分析を続けることが必要であり、（調査を受ける者に）自己開陳に献身的にかかわっていると呈示することが求められる。

そうした研究者の姿勢によって、回答者も回顧的に自己を振り返りながら、その気付きを自らの経験や価値観の変化と共に考え、語る「過程」の大切さに気付くことができるようになる。これらは、いわゆる質的研究では非常に重要な点である。スミスとシャックロックは、次のように言う。「我々は、調査者として常にその限界に、その手順に、自省的であるべきである」（Smyth & Shacklock 1998：4）。ここでいう自省的とは、かつてルビーが論じた「調査者はいかに努力しようとも、彼ないし彼女の質問は、その調査者の特定の立場から作られ、特定の方法でその答えが求められ、特定のやり方でその結果が提示されるということを、常に自覚すること」(Ruby 1980：157) にほかならない。それは質的なアプローチに限らず、方法論全般に適用されるべきものでもあると言えるだろう。そうした意味で、発題者の一人であった山ノ内の「差異の科学的かつ客観的な記述と分析に専心することよりも、むしろ研究者や実践者自身がそれらの差異の表象によって、他者を構築してきたということに対して自省的でなければならない」との振り返りは、ナイーブでもまた自虐的でもない真摯な取り組みとして伝わってくる。同時にこれらの取り組みは、研究者としてのスタンスという、今ひとつの重要な視点を提起している。それは、客観性を追求することを至上とする従来の実証主義的なアプローチに対する、ひとつの挑戦とも言えるだろう[9]。

異文化間教育ではよく言われることでもあるが、「教育」にかかわる研究と実践を領域とするが故に、「かくありたい」という「べき論」や規範的な視点からまったく離れた議論は意味をもちにくい。ただ、そこでの規範性は従来、実証的、あるいは科学的に裏付けされたデータと考察を基盤として述べられることが多かった。しかし、今回の特定課題が志向する「べき論」は、それとは少し方向性の違うものである。それは、研究者自身が課題に取り組む過程で自らの価値観を明示し、時によってはそれが変化することも明らかにしながら、研究の対象となる調査参加者と共に意味を探り、作り上げていく「かくありたい」なのである。すなわち、研究者は、「決して無垢で中立的な立場では調査にかかわれず」(Smyth & Shacklock 前掲書)、研究のどの過程においても、「中立であることに意味を見出さない領域があること」(Guba & Lincoln 1998) を十分認識する必要があるのである。

4. 研究者の位置取り

特定課題研究の発題者の一人でもある渋谷はかつて、自らの研究対象である海外・帰国生徒に関して、位置取りという視点を提示した（渋谷 2001)。それに対して、「日本人性」や「語りなおし」というテーマは、異文化間教育研究における研究者自身の位置の取り方という大きな課題について問題提起をしたのだと筆者は捉えている。S・ホールは、「(得られた) 知識は、決して中立でも客観的でもなく、どの観点から語られ、誰に語られ、何のために語られるのかという位置付けの問題となる」(Barker 2000：5) と論じた。このような取り組みは従来、各々の学問領域において営々と試みられてきた実証主義的なアプローチとぶつかり合う考え方ともなりうる。

真理へ漸近的に近づこうとする努力を否定することは、慎まなければならないだろう。しかし、求められる真理が誰にとっての真理なのか、あるいは果たして誰にとっても普遍的な真理というものが存在するのかといった根源的な問いが生起するとき、私たちは、私たち自身の価値観、自らの立ち位置への省察を、より意識的に取り上げることを迫られる。それは換言すれば、研究者としての自らの位置の取り方を、その時々において分析の俎上に載せ、内外に明確にすることに努めながら、文献や関係者に接するということではないだろうか。

この点に関しては、課題が多岐にわたるため、筆者が自身の文脈の中で現在考えていることを、あくまで事例として挙げるに留めたい。

まず、方法論上、研究者のインサイダー（内部者）性とアウトサイダー（外部者）性の問題が考えられる（Villennas 1996）。例えば、かつて筆者は、海外駐在員や日本から子どもを帯同した保護者、あるいは多文化教育にかかわる研究者や教員に対しては、部分的にではあるが似たような経験をもっており、その経験を分かち合えるインサイダーとしてリサーチに臨むことができた。しかし、調査を受ける者にとっては、筆者はこの問題の専門家の一人であることに変わりはなく、自らの関心に基づいて調査をリードしていく外部からの人間、すなわちアウトサイダーなのである。この二つの立場をどう使い分けるのか、あるいは時によっては使うべきではないのか、などの問題意識は、常に自らに問う必要がある。

インサイダー、アウトサイダー問題が、どちらかというとミクロな位置取りの課題だとすれば、研究者の価値観というよりマクロな次元での事例もひとつの試論として挙げておきたい。そのひとつは、リベラリズムの限界についての課題である。近代科学は、属性主義、地域主義、伝統主義から、業績主義、普遍主義、合理主義へと人間の価値や行動への動機付けの指向を変化させてきた。そこには、機会均等、平等、反差別の実現を願う「リベラルな期待」が存在してきたとも言える（Gordon 1975=1984）。しかし、現状はと言えば、例えば前者の諸理念を基盤とする同化主義は、民族紛争が沈静化するどころか活性化する事態にほとんど無力であったし、社会・経済的な格差は世界の多くの地域で拡大の一途を辿ってきた。リベラルな期待―それは往々にしてマジョリティ側からのものであり、抑圧された人々は抱かないものである[10]―は、裏切られてきたのである。それを、いつまでも人々の努力が足りないからだと理念的に鼓舞し続けることは、あまりにも単純で無責任との誇りを免れないだろう。

リベラリズムの関心には、普遍性と進歩の概念があるが、それらはリオタールらが提唱した近代化への批判以降、大いに疑問に付されてきた。普遍性については、例えばウォーラーステイン（Wallersten 1995=1997）も、「リベラリズムは中道的であり合理改良主義的、かつ普遍性を志向するが、リベラリズムが最もしたくなかったのが、リベラルな諸原則が、文字通り、つまり真に普遍的に適用されることだった」と指摘する[11]。進歩の概念も同様であって、私たちは、「紆余曲折はあっても、より高次の段階への到達を目指す」という観念に支配されており、そこでは、高次とは一体何なのか、だれにとって高次なのかという問いは突き詰めて考察されることは少ない。「○○の段階にはまだ達していない」等のフレーズは、留意して使用されるべきなのである。

進歩や普遍性の概念とどう向き合っていくのかということは、私たちがやり過ごすことのできない課題として、今後ますます重要性を帯びてくるであろう。そうした意味において、今回の発題者の一人である有川が述べた「まだ葛藤の中にある」という語りは、意義のあるものだと考える。ともすれば私たちは、課題に取り組む中で得られた知見を、「進歩」という段階的なプロセス上に位置付けがちになる。しかし、その論考には「ディスカーシブで（あちこちと取りとめもなく）、いまだぐるぐるしていて、より高次のレベルへの志向に拘らない（発表時の有川の表現）」という、率直な語りが満ちていた。筆者はそこに、研究者が自らをどう位置づけていくかという葛藤の優れた事例をみる思いがしたのである。

5. おわりに

以上、異文化間教育学会における特定課題研究「異文化間教育の語りなおし」について、以前提示したコメントを発展させる形で、異文化間教育や同学会の現状に対し、かなり思い切った問題提起を試みた。1節と2節では、文化本質主義と異文化間教育の「異」という理念的な課題について、3節では、自省というどちらかというと方法論上の問題について、そして4節では、それらから導かれる研究者としての位置の取り方について、試論を展開してきた。以下では、ここまであまり触れられなかったことについて述べておきたい。

ひとつは、異文化間教育と他の学問領域の交流についてである。その重要性については、既に幾度も説かれているが、例えば今回の課題研究の発題は、文化人類学やカルチュラル・スタディーズという領域の知見からなされたものであった。近年これらの領域においては、パラダイムシフトとでも言うべき知見が生み出されている。本章は、その知見の部分的表層をなぞったに過ぎないし、あるいは、既に幾度も説かれたことを繰り返したに過ぎないとの誹りを受けるかもしれない。しかし、異文化間教育を扱う学会に属する者として、突きつけられた課題に正面から応答する必要も感じてきた。翻って、異文化間教育には、その独自の取り組みと問題意識の故に、いたずらに他領域からの知見をもち込むことに抵抗を示される向きがあることも想像に難くない。さまざまな考え方に思いを巡らしつつ、それでも筆者は、もう少し貪欲かつ大胆にそれらの新しい知見との格闘を試みてもよいのではないかと考えている。例えば、もともと「公教育には支配的マジョリティによって多様性を消すことが目指されていた」(Gelner 1983=2000) という前提を踏まえつつ、やはり近年、飛躍的に展開されてきたナショナリズム研究の知見を援用することによって、異文化間教育と国民国家の関係に切り込んでいくような研究の可能性は探れないものだろうか。政策研究の領域で、異文化間教育に関心の高い人たちとの交流をぜひ模索できたらと思う。

もうひとつは、こうした論考が批判的過ぎるとの批判に対する応答である。確かに、従来の取り組みを批判する場合、ではその代替案としては何が提示できるのかという指摘に出会うことは多い。しかし、筆者自身は、では実証主義とポスト実証主義を止揚した方法論を考察しようとか、本質主義でもなく構築主義でもない第三の途を模索しようといった議論には懐疑的である。すべてではないにしても、そうした議論には、調和的な行く末が予め前提とされているか、あくまで希求としての新しい道が示されるのみで、分析の深まりは期待できず、得られる知見から説得力を奪ってしまうからである。故に筆者は、まずは議論の相克に徹することから始めるべきだと考えている。

同時に、このような理念的な模索や彷徨は、研究者自身のフィールド—それは調査現場というものに限る必要はないが—すなわち個々の文脈での葛藤と、そこから生まれる変革への取り組みを離れては意味がないことを、今一度確認したい。「研究すべきは、問題とすべき『状態』から問題をめぐる『活動』へシフトする」(千田 前掲書)との指摘は、研究者に、その研究が現状の変革に何らかの貢献をすることに意識的であることを改めて求めていると思う。異文化間教育という、社会の力関係を主要テーマのひとつとして取り組む研究や実践から、こうした異議申し立てや抵抗の力がなくなってしまっては意味がないと筆者は考えている。「文化」

という言葉が覆い隠す危険性をもつ、そうした「力関係」に、研究者として自らの位置を問い、時にはそれをずらすことも視野においた試行錯誤を、勇気をもって続けていきたいと考えるのである。

まだまだ触れ得なかった課題を残してはいるが、最後に本研究への取り組みに対しての思いを述べておきたい。筆者は、本章での論考を極力挑戦的に試みた。それはひとえに、異文化間教育に携わる関係者の中で議論が活発化することを、また、可能な限り他の学問境域の研究者とも議論の場が広がることを願ってのことである。限られた紙幅で論点を明確にするために、かなり枝葉を切り落として書き進めたこともあり、精緻さに欠ける、あるいはこうした論考に付き物の、もって回ったわかりにくい概念や言葉が頻出する危険性があることも承知しているつもりである。しかし、その是非を問う作業は、読者の批判を待ちたいと思う。今回の問題提起が、今後の議論にひとつの契機を与えることを願っている。

注

1　詳しくは、中島智子（2005）「異文化間教育研究と『日本人性』」『異文化間教育』22号を参照。
2　馬渕（2002：166～167）参照。
3　西川（1995：141）によれば、「文化相対主義には、人類に共通の普遍的な価値をどうするのかという問いには答えられない論理的弱点があり、かつ、その中立的態度が結局は現状維持を助けるという

照のこと。

4　以前実施されたアンケート（異文化間教育に関する授業について）の中間報告によると、会員の担当する科目は、多い順に「異文化間コミュニケーション」「異文化コミュニケーション」「日本事情」であり、これらの領域ではすべてではないにせよ、例えばかつてE・ホールなどが説いた「高コンテクスト」の「日本文化」と「低コンテクスト」の「欧米文化」などという、国や民族を、常に比較の単位とする二項対立的な文化の捉え方が強く見られる。今後は、「異文化間コミュニケーション論の問題点は、そうした視点からの発表に接することがある。学会の最近の大会においても、そうした視観的な『比較』を忘れて、高度に理想化された差異の『対照』に終始する傾向である」（吉野 1997：253）という批判に十分耐え得るような研究が求められるだろう。

5　以下で触れている、有川、渋谷、山ノ内のそれぞれの発題とそれに基づく論考については、『異文化間教育』24号（2006）を参照のこと。ここでは、それらの論考の中から、本章を理解するために必要な箇所のみを引用して、議論を進めることにする。

6　小坂井が分析した、人種や民族概念における虚構性に関しての、次のような知見は参考になる。彼は客観的根拠が希薄になった概念が、今日でも多くの人々の常識に強く残る要因として、以下のものを挙げている。少し長くなるが引用すると、「第一に、人間は外界を把握するに際して、必ず何らかの範疇化を通して情報を単純化しながら生きている。しかし分類することによってほとんど不可避的に認知的錯覚が生じてしまい、できあがった範疇が実体視されやすい。第二に、自分の慣れた考えに合致する情報は取り込んでも、それに反する情報は無視する傾向が人間の心理にはある。第三に、誤った信念はたいてい社会の他の構成員によっても共有されている。そして第四に注目すべき理由として、初めは誤った信念であっても、そのような偏見が現実をねじ曲げて、偏見に対応する状況を往々にして作り出してしまうことが挙げられる」（小坂井 2002：8〜9）。

7　構築主義に関しても、さまざまな定義が提出されているが、千田は社会心理学分野でのバー（Burr 1995）の定義を整理して、それを、（1）社会を知識の観点から検討しようという志向性をもつことである、（2）それらの知識は、人々の相互作用によってたえず構築され続けていることについて自覚的であることが大切である、（3）知識は（狭義の意味での制度だけではなく）、広義の社会制度と結びついていると認識していなくてはならない、と簡潔にまとめている（2001：4）。

8　アメリカ合衆国、カナダ、オーストラリアなどの英語圏諸国において、それは顕著に見られるが、例えば合衆国では、リベラル左派の知識人が、急進的な多文化主義者たちから攻撃の的にされた。

9　いわゆるポスト実証主義的アプローチであるが、それは「自然科学パラダイムの脱構築」としても提起される（倉石 2005）。

10　この点に関して、例えばオーストラリアのG・ハージ（Hage 1998=2003）は、抑圧されたマイノリティの立場にある人たちは、寛容などという概念を自ら語ることは少なく、彼／彼女らに求められるのは、寛容ではなく忍耐なのである、と指摘する。第1章を参照のこと。

11　ウォーラーステイン（Wallerstein 1995=1997）は、『アフター・リベラリズム』の中で、リベラリズムの根源的な矛盾（240：242）を挙げている。なお、リベラリズムについては、次の第9章で再び検討を試みる。

第9章　文化の捉え方をめぐって——活路はあるのか？

はじめに

第7章と第8章では、文化本質主義の課題について、筆者なりの取り組みを述べてきた。本章では、そうした試行錯誤を通じて検討してきた「文化の捉え方」を改めて考察することによって、ここまでの取り組みを振り返ると共に、今の段階での総括を試みたいと思う。

1．文化をめぐるさまざまな言説

グローバリゼーションがますます加速する昨今、異文化理解や多文化共生に関する言説は巷に浸透し、その必要性が声高に唱えられている。国内においても、多文化・異文化リテラシーを培うことを焦眉の課題とする議論が、教育の分野などでなされている。例えば、中央教育審議会の答申（2008）では、「21世紀型市民」の資質として「学士力」を提起しているが、その項目の筆頭に、「多文化・異文化に関する知識の理解」すなわち「多文化・異文化リテラシー」が掲げられている[1]。

しかし、そこで語られる「多文化」や「異文化」といった言葉や概念の内実について、広範な検討・分析が行なわれてきたとは必ずしも言えない。特に、こうした言説が、そこで言われる「文化」をどのように見なし、捉えているのかについての議論は、国内の研究で活発であったとは言い難いのではないか。今後の研究にとって、また実際の施策においても、多文化共生や異文化理解の議論における「文化」の捉え方について、ここで改めて検討を加えておくことは非常に重要であると考える。本章ではこれまでの議論を踏まえて、「異文化理解」や「多文化共生」が喧しく説かれている現在のコンテクストにおいて、「文化」そのものがいかに捉えられているかに焦点を絞り、分析を試みる。

数ある言葉や概念の中で、「文化」ほど多様な定義を与えられているものは、そう多くはないだろう。文化の定義を語る際には、人類学者タイラーが与えた定義以降のそれを整理したクローバーとクラックホーン（Kroeber & Kluckholn 1952）による『文化—概念と定義についての批判的論考』における見解を取り上げ、その多様さに言及されることが多い。しかしその後も、例えばウィリアムズ（Williams 1983=2002）が「英語で一番ややこしい語を二つか三つ挙げるとすればカルチャーがそのひとつとして挙げられるだろう」と述べ、イーグルトン（Eagleton 2000=2006）もサピアによる文化の概念定義を取り上げて「これほどまでに華麗なる空虚さをほこる定義というのは、そうお目にかかるものではない」などと評しており、文化の概念をめぐる議論は、その視角や切り口の多様化も相まって錯綜している。

この「文化」という言葉や概念のもつ多義性を、まず確認しておきたい。先に述べたように、本章が対象とするのは例えば、「多文化・異文化リテラシーが求められる」ような特定の文脈における「文化」の捉えられ方である。それにもかかわらず、文化概念の多義性について確認しておくことは重要だと考える。すなわち、どの立場の者が、どのような文脈で、誰に対して語っているのかなどの問いを大切にしようとしており、その問いは必然的に文化概念の多義性と密接な関係をもつからである。

そうしたことに留意しながら、では「多文化共生」や「異文化理解」が説かれる際に、文化はどのように捉えられ、語られてきたのかを考察してみたい。すると、次のような幾つかの言説が鮮やかに浮かび上がってくるのである。

まず「すべての文化に等しい価値を認めよう」と説く「文化相対主義」がある。この考え方は、「多文化共生」や「異文化理解」に携わる多くの研究者や関係者たちの間で、また文部科学省の文書などで、特に教育に関わる領域では広く浸透した言説になっている（馬渕 2002）。しかし、既に第7章で検討を加えたように、文化相対主義には、人類に共通の普遍的な価値をどうするのかという問いには答えられない論理的弱点があり、かつ、その中立的な態度が結局は現状維持を助長するという批判にも十分答えきれないという批判がある。さらに井上（2006）は、相対主義者とは、「中立的」な高みに自己を置く最も傲慢な種類の応答をする者だと痛烈に批判している。私たちは、もはやナイーブな文化相対主義を掲げることはできないことを自覚する必要に迫られているのである。

では、「異文化を理解し、受け入れよう」—筆者はかつてこれを「異文化理解主義」と呼んだが—については、どうであろうか。これも、例えば「広い視野をもち、異文化を理解する資質や能力の育成を図る」と、文部科学白書に毎年掲げられているように、（異文化そのものが広く受け入れられたか否かにかかわらず）広く受け入れられている言説である。しかし、ここでの「受け入れ」は、主に間接的な接触を通して異文化の受容がなされるために促進されているという批判的な分析がある。[2] 第6章でも触れたが、筆者もかつて、異文化理解主義には、その際の摩擦や衝突への関心が低く、「自らが変化すること」は視野に含まれにくい姿勢が強いとの指摘を行なった（馬渕 2002：159-164）。「異文化理解」という捉え方は、「異文化」という文言がいみじくも言い表わしているように、「他者として並べられた異なる文化を眺め、味わい、そして理解に努める」という「異文化について」の理解となり、社会構造やその力関係には関心が向きにくくなる傾向を強くもっているのである。

では次に、「多文化共生社会を作り出そう」という、これも近年喧伝されている言説はどうであろうか。これは、「多文化共生」の言説とも呼べるものである。第1部で見たように、ここでも一見社会の目指す方向性を示すように思われる、こうした多文化主義の主張には、見逃せない落とし穴が存在する。それは、「『共生』からその政治的意味を抜き去られ、他者への表面的な思いやりとして」理念が唱道される危険性である（戴 2005）。多文化共生における「共生」が、異なる文化の共生と理解されてしまい、社会的に異なる位置に置かれている人々の共生にはつながらないという陥穽におちいるのである。そのひとつの帰結として、「共生概念は、マジョリティが問題なくマイノリティを吸収しえているか、マイノリティに問題はないのかという同化主義的な問題設定を生み出しかねない」（樋口 2006：637）という状況が起こる。

このように考えてくると、従来、あまり疑問視されることなく掲げられてきた理念・言説には、時として重大な問題性が隠されているという現実に目が開かれる。すなわち、これらの言説がややもすれば、かえって不平等な社会の現状を維持、下手をすれば強化してしまうことに、私たちは気付かざるを得ないのである。そして、そこに共通して横たわるのが、「文化相対主義」「異文化理解主義」「多文化主義」における「文化」の捉えられ方に問題があるのではないかという疑問なのである。しかし、では一体何が問題なのであろうか。

筆者は本書で、それらの言説の根底に共通して流れるものとしての「文化本質主義」の問題性を提示してきた。「さまざまな文化の本質をもっと理解しよう」などという呼びかけは、まさに文化本質主義的な発想に基づいて唱えられているが、実はそうした文化観こそが、実際に起こっている摩擦、衝突や社会の力関係に無頓着、無責任な「文化相対主義」や「異文化理解主義」を生み出す糧となり、「多文化主義」に閉塞性を与えているのである。その問題点については、これまでにも指摘してきたし、また、幾つかの文献においても、既に言及し尽くされた感すらある。

ここでは、そうした繰り返しを避け、筆者の現在の問題意識に基づいて、「多文化主義」をめぐる問題、「アイデンティティ論」をめぐる問題に焦点を当てることによって、新たな試論を提示したい。そして、それらを批判的に考察することによって、「文化の捉え方」に新しい視点の提供を試みたいと思う。

2. 多文化主義をめぐる問題

1　考察の前提―検討における留意点

多文化主義に関する議論は、その論点を変化させながら、今なお活発である。しかし、多文化主義について考察する際に、確認しておかなければならない事柄がある。

まず、第1章で述べたことを整理すると、その第一は、多文化主義と多文化な状態とを区別して論じる必要性である。この問題を議論する際に、状態や現実としての多文化と、理念や主義としての多文化を峻別することは常に念頭に置かねばならない。

第二は、多文化主義の多様性に関してである。多文化主義について論じられる時、日本国内では、多くは欧米諸国がその先駆的な試みを営んできたという枠組で取り上げられるが、多文化という言葉を多用してきた英語圏と必ずしもそうではない、例えばドイツやフランスとでは、かなり様相が異なっている。また、同じ英語圏でもカナダ、オーストラリア、アメリカ合衆国、英国では国ごとに、また場合によっては州や地域ごとに、その展開が大いに異なる場合がある。さらに、かつての英国の植民地における多様性や、途上国での多民族国家における多文化主義の受容の状況などを考慮に入れていくと、多文化という言葉のもとに、実に多様な様態とその変化に留意する必要があることは言をまたないであろう。

以上を踏まえ、私たちは、従来から取り上げられてきた英語圏諸国における多文化主義の取り組みについて、再検討を試みなくてはならない。すなわち、言説として日本に大きな影響を与えてきた、主に英語圏における多文化主義と、日本においてのそれがどのように受容されてきたかについて、考察を進める必要を感じるのである。

2　問題化する―多文化主義への批判

北米・オーストラリアを中心とする多文化主義の試みについての批判的な見解は、既に多くの文献が紹介しているし、それに基づき筆者も検討を試みた。それをここで再掲することは避け、続く議論に必要な点を最小限述べると次のようにまとめられる。

多文化主義には、「個人の尊厳や平等は尊重するが、社会の中のマイノリティを集団として捉え、その現状を政治的に変える行動を支持することには消極的な」リベラル多文化主義と、「マイノリティ集団の現況を変える何らかの政治的権利がマイノリティ集団に与えられなければ、不平等などの問題は解決に至らない」とするコーポレート多文化主義、そして後者に基づくクリティカル多文化主義など、かなり異なる考え方が存在する（第1章）。しかし従来、英語圏諸国で試みられてきた政策としての多文化主義は、前者のリベラル多文化主義に基づくことが多く、そこに批判が生まれる要因があった。その批判のポイントは、リベラル多文化主義はマジョリティ側が受け入れ可能な状態になった場合のみマイノリティを受容する、言い換えれば管理可能な場合のみの受容に留まる（多文化主義における管理主義）[3]、さらに、問題が個人レベルでの解決に限られる傾向から、結局のところ、社会における政治・経済的な不平等の構造的な解決に至らない（多文化主義における個人主義）ということにまとめられよう。

従来主流とされてきた多文化主義に対する批判の根底には、リベラリズムへの懐疑が存在する[4]。本書の文脈で言うならば、たとえばゴードン（Gordon 1975=1984）が述べたように、機会均等・平等・反差別の実現を願う「リベラルな期待」が、結局は裏切られ続けてきたという現実に根差して、議論を展開する必要が指摘されねばならない。ただし、リベラリズムそのものを批判的に検討することは本章の範疇を超えるので、あくまで「多文化・異文化リテラシー」を促進しようとする教育やその関連領域の視点からの考察に留まることを申し添えておく。

3　重要な視点―リベラリズムの限界

多文化主義と同じように、リベラリズムも一様なものではない。経済的自由主義を標榜する古典的リベラリズム、主にニューディール時代以降に展開されてきたアメリカの左翼としてのリベラリズム、そして「正義」という規範を重視し「自己責任」や「自己決定」などを説く現代のリベラリズムなどの存在は、その時代と地域によるリベラリズムの多様性を表わしていると言えよう。また、リベラリズムに対する批判も錯綜しているのが現状である。保守陣営からの批判はもとより、特に最近のリベラリズムに対しては、社会における自己責任を重視することによって、貧困、搾取やさまざまな格差を隠蔽する理論にほかならないとするマルクス主義的な立場からの批判があり、さらには急進的なフェミニストたちからの痛烈な批判などが混在する[5]。

しかし、本章の文脈においてリベラリズムを考える際には、一見乱暴にも思われるが、リベラリズムの根底にあるひとつの特徴を取り上げるに如くはないのである。その特徴とは、どのようなリベラリズムにも通底する個人主義である[6]。「古典的か現代的かを問わず、さまざまなリベラリズムに共通する最大の特徴は、何といってもその『個人主義』にある」とする盛山は、「個人主義的な社会理論は、『個人』という疑うことのできない存在だけを基盤に考えていこうとするものであり」「それが、神に頼ることなく社会を作っていこうとした近代の初発の問題意識を忠実に受け継ぐものであったことはいうまでもない」(2006：39) と説明する。この個人主義に立脚したリベラリズムが、従来の多文化主義を支える理論的根拠として横たわっているのである。

だが問題の核心は、リベラリズムが多文化主義の理論的支柱になったという、まさにその関係の中にこそ見出されるのではないか。そしてそれは、「人権」という概念が変化してきたこととある意味で並行して考えればわかりやすくなる。すなわち、ヨーロッパに芽生えた初期の人権概念には、女性や子ども、外国人などは含まれていなかったのにもかかわらず、その目指す理念が必然的に、あるいは皮肉にも、対象とするマイノリティの枠組を拡大せずにはおられなかったという人権概念の変遷との比較である。多文化主義は、人権概念と比べると20世紀後半に登場したかなり新しい概念であるが、その目指すところは、国民国家内でのマジョリティにとっての都合のよいマイノリティの管理となり、企業や学校などの組織においても同様の構造を脱却できなかったことは、前節で批判的に指摘したとおりである。しかし、ちょうど人権概念が拡大されたことをなぞるように、多文化主義によりいったん点火されたマイノリティ集団とマジョリティとの間に横たわる不平等是正への取り組みが多発的に（統一的にではなくとも）湧き上がってくることに蓋をすることができなくなったのも事実である。前世紀の終わり頃から現在に至る流れは、このように辿ることができる。そして、皮肉なことに、多文化主義とその理論的支柱であったリベラリズムとのあいだの矛盾が露呈することとなったのである。

すなわち、リベラリズムを支える個人主義に基づいた寛容の尊重を、少なくとも理念として生まれた多文化主義が、マイノリティを尊重しなくてはならないという規範に至ったが故に、大きな難題を抱えてしまったのである。多文化主義は理念的に、多くの民族の生活や文化様式の多様性を尊重すべしとの寛容論に立たざるを得ない。しかし、すべての文化を平等に扱うこと（文化相対主義）は、現実には多くの問題を引き起こす[7]。具体的に挙げれば、すべての言語に同等の権利を与えるということは、たとえば学校教育において、すべての言語を同時に教えることを含意するが、それは不可能なことである。まして、すべての法令や公文書を、すべての言語で表記することはほとんど不可能である。

さらに、個人主義に基づくリベラリズムには、普遍的に正当化される規範があるという概念と密接な関係を保ちがちであるが、その関係を保障するためには、「中立的な立場」の存在が前提とならなければならない。しかし、多文化主義を推し進めていくと、どのような法や政策も、必ずどれかの文化にとっては有利なものとなり、他のものには不利になるという現実に直面せざるを得ない（前掲書：315）。言い換えれば、中立的な場の想定自体が、まさに中立性を偽装しているだけに一層過酷な強制を伴っており、自由を否定するという、リベラリズムの自己矛盾に逢着するのである（吉崎 1998：20）。

このように考えると、多文化主義は、既に綻びの出始めていたリベラリズムに最大級の難問を突きつけ、自らがその成り立ちに依拠したリベラリズムに引導を渡すという皮肉な役割を果たしてしまう可能性がある。そして、それは多文化主義自らの成立根拠を再構築しなくてはならないという新たな難問を、多文化主義にも投げ返すことにつながるのである。

4　横たわる本質主義―多文化主義、異文化理解論の陥穽

多文化主義の検討を閉じるにあたって、今ひとつ触れておかねばならないことは、文化本質主義の問題であろう。リベラルであれクリティカルであれ、多文化主義を推進する立場にある

者も、あるいは否定的な立場にある者も、共に文化を本質的に捉える見方から解き放たれることは難しい。ただしこの点に関しては、本書でも既に幾度も触れており、また多くの文献が著され、関係する学会等においても徐々に認識が深まりつつあると言えよう。課題は、ではいかにして未だ根強い本質主義的な文化の捉え方に対処するかという点に移行しつつある。その点については、本章の最終節で試論を述べたいと思う。次節ではもうひとつの課題、すなわちアイデンティティ論をめぐる問題に進みたい。

3. アイデンティティ論をめぐる問題

1 考察の前提―アイデンティティ論の隆盛

はじめに、本章におけるアイデンティティ概念を確認しておきたい。近年、耳目に触れることがとみに多くなったアイデンティティと呼ばれるものも、実に多様に捉えられているからである。その混乱を避けるためには、アイデンティティを幾つかのレベルに分けるという方法が考えられるが、これには坂本（2006：214）がひとつのわかりやすい分類を提示している。少し長くなるが引用すると、「第一に、本当の私、一貫した個人などの、社会的属性に帰属しない自我のレベル、第二に、優しい、誠実などの性格や生き方などに関連させられるような個人的属性のレベル、第三に、日本人、黒人、女性、レズビアンなどの集合的属性のレベル。これは集合的アイデンティティ、文化的アイデンティティとも呼ばれている。第四に、母親、医者など地位や役割のレベル」となる。もちろん、すべてのアイデンティティが、この四つのレベルに厳密に分類できるとは限らないであろう。しかし、本研究が主に関心を寄せるのは、上で第三レベルとされる集合的、文化的アイデンティティであり、例えば「発達とアイデンティティ」を主な研究対象とする論考などとは視点を異にしていることを確認しておきたい。

次に検討しておきたいことは、アイデンティティ概念のもともとの捉えられ方とその意味について、そして、なぜアイデンティティ論が、かくも―特に日本において―盛んになったかということである。

まず、アイデンティティ概念を初めて使用したとして常に取り上げられる、エリクソンによるアイデンティティについて確認したい。エリクソンは、近代社会において青年期から大人に成長する過渡期に見られるさまざまな精神的病理を、アイデンティティ・ディフュージョン・シンドローム（同一性拡散症候群）と捉えた。そこには、個人的同一性と社会的同一性が一致しないことによる精神的な危機、すなわち、「アイデンティティ」ではなく、「アイデンティティの危機」としてこの概念が提出されたという重要なポイントがある。こうしたアイデンティティ概念は、危機の段階からより安定し、かつ統合された段階に到達すべきであるという志向性を、必然的に含意する。結果、アイデンティティ概念には「規範性」が伴うことになるのである。つまり、不安定なものからより望ましい状態を目指すという規範が、アイデンティティ概念には付きまとい、例えばそれが、アイデンティティの確立を望む言説などとなって表出されるわけである。

精神分析や心理学の領域におけるアイデンティティ論は、一九九〇年代以降、政治や歴史学の概念であるネイションに対する考察や研究の深まりに呼応して、現在では国民国家や文化などとの関係で論じられることが多い。ナショナル・アイデンティティに対する高い関心は、そのよい例であろう（西川 2006）。しかし、日本におけるアイデンティティ概念の導入は、文学や評論等、多くの領域でかなり早くから活発であり、特に日本人と海外諸国とのいわゆる異文化間交流が盛んになった時期と時を同じくして取り入れられた。西川は、「日本人論・日本文化論は、まさにアイデンティティ論の領域であった」（前掲書：211）とさえ述べる。つまり、こうした文脈において、アイデンティティは、複数の文化に接する個人あるいは集団が、より望ましいあり方を模索するうえで重宝な概念として論じられるようになってきたというのが、筆者の捉え方である。

2　問題化する――脱アイデンティティ？

以上の確認は、現在の世界や日本でにわかに勢いを増してきた民族的アイデンティティに対する関心の深さを考え、また、本書の主題である「文化の捉え方」を検討する際に、有用な視点を与えてくれるだろう。しかし、ここで当然生じてくる疑問もある。私たちは、なぜ安定したアイデンティティを求めなければならないだろうか？　さらに言うと、安定したアイデンティティなるものはそもそも存在しうるものなのかという問いである。

ある学会の大会で、「日本語を忘れると日本人としてのアイデンティティも失われる。言語とアイデンティティは不可分の関係にある」と確信をもって語られる場面に遭遇した。日本語をほとんど使えないが自らを日本人と規定している日系三世や、日本に一度も来ることなく流暢に日本語を操る中国国籍の人の存在など、少し視野を広げればそのような見解は生まれるはずはないのだが、今なおこうした言説に出会うことは少なくない。そこには、該当する（と思われている）言語とアイデンティティが一致しない状態を、何か欠けた、あるいはあるべき姿から逸脱している状態として捉える見方が色濃く投影されている。

もうひとつ例を挙げよう。筆者の関係する大学では、教育目標の第一に「アイデンティティの確立」が掲げられている。受講している学生の中から、調査に同意してくれた学生にインタビュー調査を実施したことがあった（第7章参照）。すると、幾人かが、次のような違和感を表明した。「在学中にアイデンティティが確立してしまったら、えらい（大変な）ことだし、怖い」、「私は、アイデンティティがあるのかどうか、いつまでも一生、模索し続けるのだと思う」、「親との関係、友だちとの関係、恋人との関係なんて考えると、私には、これだという決まったアイデンティティなんてないですよ」。学生たちは、確立されたアイデンティティという捉え方に戸惑い、反発しているのである。

坂本は、「しかし、自己は一貫しているのが当然、あるいは望ましいものなのだろうか。一貫した自己を目ざさなければいけないのだろうか」(2006：199）との疑問を提出し、「私たちは、ときには、非一貫し、分裂した私であってもよいのではないか。また実際多くの部分で矛盾し、多くのことを忘却して生きているのではないか」(前掲書：202）と率直に述べている。現代は「自分らしさ」を求められることが多い。しかし、もし「女らしい」「若者らしい」といった世間で言われる「らしさ」から解き放たれた状態を「自分らしい」とするならば、前節で確認したアイデンティティ概念は、その時点で崩壊することになる。上野（2005：299）はそれを、「アイデンティティとは、個人的アイデンティティと社会的アイデンティティとの『統合』によって確立するものとされるが、彼ら若者はその乖離をこそ、求めていることになるからである」と説明する。

以上のことは、従来の意味でのアイデンティティ概念が成り立たない領域が、現代社会の中には数多くあるということを如実に示してくれる。上野らはそれを、「脱アイデンティティ」という表現のもとに、多角的に分析して見せた。さらに、アイデンティティを検討する際、「何者かである」ことを問うよりも、「何者かになる（アイデンティフィケーション）」ことを問う方をより大切にする考え方もある。すなわちそこでは、アイデンティティは流動化したものと捉えられ、その本質性が問い直されることになるのである。[8] 千田（2005：278）は、「ところが実際には流動的なはずのアイデンティティを、固定しろという要求を行なうのが、『アイデンティティ』というこの語彙である」とまで言い切る。このように考えると、アイデンティティ論においても本質主義とのかかわりを検討することが、欠かせない課題として浮かび上がってこよう。本質主義との問題は、以下での重要なテーマとなるのであるが、その前に、本研究におけるアイデンティティ概念の検討におけるもうひとつの重要な点、多文化主義とアイデンティティの関係について触れておきたい。

3　重要な視点―多文化主義におけるアイデンティティ

リベラル多文化主義の代表的な理論家のひとりであるテイラー（Taylor 1992=1996）は、『多文化主義と承認をめぐる政治』で、アイデンティティが承認されることの重要性を論じた。しかし、彼の説く承認の要求においては、すべての文化は平等だと位置付けられる一方、アイデンティティの承認を必要としているマイノリティへの強い関心は認められず、結局のところ中道という名のもとに、現状の変革には至らないことが批判されている。

やはりカナダの政治哲学者であるキムリッカは『多文化時代の市民権』を著したが(Kymlicka 1995=1998)、多民族国家におけるアイデンティティの共有の重要性を説いている。同書は、民族集団を民族的マイノリティとエスニック集団に分け、集団的権利という概念を導入したうえで、マイノリティの権利の保障について詳細に論じている。しかし、ここにも問題がある。そのひとつは、先に挙げた民族集団の分類に起因するものである。キムリッカは、エスニック集団である移民について、彼らは自由意志で祖国から新天地へ来たという枠組で議論を展開しているが、一概にそうとは言えないだろう。彼の述べる、国内の少数民族集団グループと、エスニック集団に含まれる移民等を、はっきりと区別することは困難な場合があるからである。

キムリッカの区別には、さらに根本的な問題もある。多文化主義における基本的なアイデンティティの単位は民族とされるが、民族と国民との区別がどこまで妥当であるかという問題である。マジョリティのアイデンティティのみが保障されるナショナリズムに対して、マイノリティである少数民族のアイデンティティの保障を訴えることは、キムリッカに限らず、多くの多文化主義者が唱えてきた。しかし、「ナショナリズムの存在論的無根拠性への批判は多文化主義にも送り返されないか」(井上 前掲書：192)という問いが生じる。すなわち、ナショナルなアイデンティティを解体しようとする同じ論理が、エスニックなアイデンティティにも適用されないという保障はないのである。

キムリッカを含め、多くの多文化主義者は、検討の核心がこれらの点に迫ると、「超えてはならない一線があり、……（中略）……危険な領域からこの地点で引き返したということになる」（西川 2006：182）という批判に十分に答えられていないのが現状であろう。そして議論がここに至ると、私たちは再び、アイデンティティとその本質主義について考察することを求められるのである。

4　横たわる本質主義―アイデンティティ・ポリティックスの限界

まず、マイノリティのアイデンティティに伴う周縁性や否定性を克服しようとする試行錯誤から考えてみたいと思う。そのひとつの手立てとしては、ゴッフマンが述べたように、例えば障害者が、その障害を悟られないようにやり過ごしたり、周りの期待に沿って「障害者」の役割を意識的に演じたりすることで、自らの主体化に努めるというストラテジーがある。またそれに対して、自己規定の権限を、その場その場の状況において取り戻すというだけではなく、社会的な規定をも変えようとするストラテジーもある。すなわち、マジョリティによるマジョリティ中心の自己規定に対して、マイノリティによるマイノリティ中心の自己規定を対峙させ、公的に確立しようとする戦略であり、アイデンティティ・ポリティックスと呼ばれるものである。60年代後半から70年代にかけての、黒人差別運動における「Black is beautiful」やフェミニズム運動における「Personal is politics」などのスローガンは、その運動の理念を象徴的に表わしたものだと言えよう。

しかし、マイノリティに個別であれ集団であれ、確固とした揺るぎのないアイデンティティを認識させ、(前節の言葉を使えば)マイノリティがそうしたアイデンティティの承認や保障を要求することは、アイデンティティが本質主義を基盤としていることを意味する。たとえば、黒人は美しいというとき、そこには、すでに存在しており、発見することを期待されている黒人というカテゴリーをめぐる既定のアイデンティティの前提がある(坂本 前掲書:193)。だが、このような固定化した「黒人」という役割―それはマジョリティによって規定された場合が多い―に、さまざまな黒人が封じ込まれてしまう危険はないのだろうか、さらに、たとえば黒人に共通のアイデンティティなるものは、そもそも存在するのであろうか、という問いがここでも生じる。

前節の末尾では、多文化主義における本質主義の問題点に言及した。また本節では、統合され安定したアイデンティティ概念の問題性を取り上げ、さらに民族アイデンティティの模索における本質主義の基盤性を問題化した。最後に、以上に共通して惹起する問題性と、それに対してはどのような手立てが可能であるかについて、試論を述べてみたい。

4．今後の展望

1　本質主義との格闘

本質主義に対して、反本質主義の立場からさまざまな批判を加えることは、現在では広く見られるようになったが、本質主義的な文化観、アイデンティティ観、そして国家観などは依然として世間に満ち溢れており、その問題性を指摘し続ける意義はいささかも減じていないことを痛感する。しかし同時に、「本質主義」対「反本質主義」の構図で批判の応酬を続けることについても、その意味が問われなければならないと思っている。議論上での二項対立に陥ることを避け、人間関係や社会の構造の変革に資する方法をめぐり、模索が続いているのが現状であろう。

ひとつの方策として、よく取り上げられるのが「戦略的本質主義」と呼ばれるものである。これは、反本質主義の主張を基本的に認めつつも、実際の政治的な闘争や抵抗の場では、戦略的に本質主義を採用するという考え方であり、S・ホールやスピヴァクなどがその代表的な提唱者として紹介され、それ以来、言及されることの多いストラテジーである。しかし、その戦略的本質主義にもいくつかの疑問が残る。たとえば、「戦略」を選べるのはだれかという問題である。戦略的本質主義が成立するためには、何が戦略的な本質主義で、何が戦略的でない本質主義であるかを決めなければならず、そのからくりを見据えておくことが大切であろう。支配されている人々は、戦略を選ぶという行為すら許されないこともあり得るからである。

また、戦略的本質主義は、どうしてもその欺瞞性から逃れることはできないという根本的な批判もある（赤川 2006）。すなわち、自らが信じていないことを信じているかのように行動することは、政治的目標達成のためであるにせよ、自らにも仲間にも不誠実であり、結局のところ徹底することは不可能なのではないかというわけである。別の視点からも考えてみよう。戦略という概念がその実効性のみを基準に捉えられるとなると、当該集団のあるメンバーにとって大切なものと、他のメンバーにとって大切なものが異なった場合に―何が大切かは各自のノスタルジックな価値観に拠っている場合が往々にしてあるのだが、例えば、そうしたノスタルジーを有効性があるかないかという基準のみで取捨することは―大きな軋轢を引き起こす懸念が拭えない[9]。筆者は前章で、「戦略的本質主義とは、理念的なものではなく、個々の文脈でしか意味をもたない『せめぎ合い』であろう」と述べたが、まさにそれぞれの人々が、固有のコンテクストで、その有効性を自省的に検証し続けることからしか、こうした疑問への答えは見出せないのではないかと考えている。

本質主義に対するストラテジーとしては、他にも、バトラーが提示したパロディという戦術が挙げられる（Butler et al. 2000=2002）。すなわち、前節のアイデンティティ・ポリティックスにおける本質主義に対して、例えば女性が男装をして、逆にアイデンティティの曖昧さや不安定さをさらけ出すことにより、その本質性を暴露するというストラテジーである。これは、本質性の攪乱という点で、時によっては鋭い効果をもたらす可能性があるが、坂本（前掲書：209）が指摘するように、「パロディの戦略は、それがパロディであることが受け手の側にきちんと伝わらなければ成立しない」という課題が付きまとう。また、「アイデンティティの本質主義を覆すもうひとつの方法は、アイデンティティを構築されるもの、流動的なものとみなすことである」（同上：210）という、自ら本質を崩していくという行為も考えられる。具体的には、例えば、在日コリアンの学生がカミングアウトする場合、本質的なアイデンティティがあってそれを表現したと捉えるのではなく、カミングアウトする過程で在日としてのアイデンティティが形成されていくと捉えるのである。しかしこれはストラテジーというより、自らの行為を自省的に再定義するという解釈の範疇に入るかもしれない。さらに、文化やアイデンティティが本質的なものではなく、ハイブリッドかつ流動的なものであるという認識の前提がないところでは、こうした方策は意味をもちにくいという課題も伴っている。

さまざまな方策を考えてきたが、究極のところで、すべてが本質的ではなく構築的であるとすれば、そこでの人々は社会的、関係的にしか決定されなくなる可能性があることも、根本的な問題として残る。それは、一種の状況決定論を生み出しはしないだろうか、という問いでもある。その結果、「少なからぬ人々が、他者との相互作用で規定された非常に抑圧的、否定的自己をかえられぬままになるのではないか」(同上：178)という恐れも生じてこよう。では一体活路はあるのだろうか。最後にそれを考えたい。

2　両義性、マージナル性の意義

前世紀末から今世紀にかけて活躍する、思想家、哲学者であるジジェクは、普遍性について次のように言う。「『偽りの普遍性』の正しい批判とは、普遍に先立つ個別の立場から普遍性に疑問をつきつけることではない。それが起動するのは、普遍性自体に内在する緊張である」(Butler et al. 2000 = 2002：138)。

ここまで本書では、「本質主義的な文化観からの脱却」という視点から、多文化主義・アイデンティティなどの概念を、可能な限り批判的に検討してきた。それらの概念は、例えば使い古された雑巾のように、広く存在している概念でありながら、その有効性が低下の一途を辿る局面のあることも否定できない。異なった文脈ではあるが、例えば、第1部でみたように、英語圏諸国の中でも政府や教育関係者が多文化主義という言葉をあまり使用しなくなった地域があるという現状や、上野（2005）がアイデンティティを「有効期限切れの概念ではないか」と問うたことなどは、それを象徴的に表わしている。現状は、多文化主義と多文化主義に批判的な立場、アイデンティティ論と脱アイデンティティ論（もっとも上野は、脱アイデンティティ論を従来のアイデンティティ論に抗するものとして提出したわけではないが）、反本質主義とそれに批判的な立場などが、それぞれのアリーナにおける葛藤を繰り返し、一種の「膠着状態」におちいっているとみなすことができるかもしれない。そして、その悪しき帰結のひとつとして、マジョリティ、マイノリティ双方による、こうした理論的な検討への失望、回避の傾向を挙げることができるのである。

しかし、先に述べたジジェクの見解は、一種の閉塞状態に、ひとつの活路を示してくれはしないだろうか。実は、普遍性か個別（特殊）性かという議論も、近年ではリオタール以降、ウォーラーステインなどによって実に多様に論じられてきたテーマである[10]。だが普遍性を、矛盾をもたない存在として、その是非を論じる従来のアプローチに対して、ジジェクの言葉は異なった光を当てる。坂本（前掲書：221）は「近代が掲げる自由・平等・民主主義という普遍的理念も、つねに不完全なもの、未決定なもの、交渉可能なものとおくこと………（中略）………が必要ではないか」と述べる。不完全、未決定なものと捉えることによって、これらの概念からは、方向の一定した規範性が拭い去られるだろう。筆者はそこに、二項対立的な状況打開へのオルタナティブの可能性を見出すのである。その際には、「新しい形が生まれるということは、……（中略）……単純に否定したり止揚したりすることにはならなかった」(Balibar 1994 = 1998：101）ことの確認も大切であろう。

上野（前掲書：29）は、異本（version）を生産することの効果を提唱し、その過程で生産される差異こそが、構造を攪乱し変革する契機になると説く。さらに、意図せずに抵抗になるような実践や、逆に意図的な抵抗が構造の再生産に結び付く例が見られることを指摘する。本章で検討した「多文化主義」は、まさにこうした分析の具体例を示していると言えるだろう。すなわち、多文化主義が隠蔽する歴史やその管理主義的体質と、共に内包するマイノリティ救済や社会構造の変革への志向性は、多文化主義がまさに交渉可能なものであり、そして異本を生み出し続けてきた証でもあるからである。「多文化主義」や「アイデンティティ論」という言説は、その規範性とは裏腹に、本章でみたように、また上野の言葉を借りるならば意図せざる展開を、そして時には言説の推進者にとって皮肉な結果をもたらしてきた。にもかかわらず、その経緯のすべてを、混迷の度が深まったとか、膠着状態にあるといった一言で片付けてしまえるものではないというのが、ここまでの考察から辿りついた見解のひとつなのである。

活路への可能性を拓くものとして、これまでの検討から導かれる、さらに二つの考え方を提示しておきたい。そのひとつは「両義性」であり、もうひとつは「マージナル性」である。

本研究で「文化本質主義」を捉え直すために検討してきた多くの言説には、「両義性」が認められる。それは、ある時はマイノリティを制限し、ある時にはマイノリティに力を与えた「人権概念」然り、また、状況を打開する手立てとなりながら、時として欺瞞の言説ともなりうる「戦略的本質主義」においても然りであった。だが、逆説的に聞こえるかもしれないが、そうした両義性をもつからこそ、これらの言説には現状の変革の可能性を求めることができるのではないだろうか。言い換えれば、こうした言説から両義性が失われたなら、社会を変革するうえでの存在価値はなくなるというのが、本章の導き出した結論のひとつである。

さらに、そうした両義性は、「マージナルな位置」に立っているからこそ、見出すことができるということも付言しておきたい。ここでいう「マージナルな位置」とは、どちらにも属し、どちらにも属さない、中間的な位置のことを言う。そういう位置にいる人や集団は、特定の社会の中で、マジョリティからは中途半端で失敗した人間として扱われがちである。しかし、第6章でみたように、例えば「根無し草」と呼ばれる人たちは、異なった国や文化を渡り歩いたが故に、自らの核となるアイデンティティを確立できなかった人々として否定的に捉えられてきたが、近年は、その流動的な生き方に多様性を理解できる資質形成の可能性を認め、逆に評価しようとする見解も出てきている。

坂本は、「人権という概念は、それが内包している矛盾に気づき、既存の制度を当然のものとみなさない、主体化に失敗した人々によって発見されてきた」(前掲書：221）と指摘する。多文化主義もまさに同様であって、公的な多文化主義が沈黙しようとする今、従来の多文化主義からは排除されてきた、あるいは幾度抵抗しても、社会の主流にはなることのできなかったマージナルな立場の人々が、その将来を拓いていくことのできる可能性をもつのである[11]。そして、その「マージナル性」は、通常マイノリティと目される人々にのみ存在するのではなく、マジョリティ側に立つと考えていた人々であっても、それぞれが置かれている状況の中で、自らの「マージナル性」に気づかされる時には、インパクトをもちうるのである。

冒頭で述べたように、現代がグローバル化という大きな社会変動のもとにあるとは、さんざん聞かされる説明であろう。しかし、グローバル化そのものが、反グローバル化を伴う両義的な現象でもある。本書の文脈で言えば、国民国家はグローバル化に翻弄されつつも、同時にそれに抵抗して多文化主義政策を取捨しナショナル・アイデンティティの強化を図り、そしてそれらを理論的かつ情緒的に支えるものとして文化本質主義の言説を強化しているのが現状である。

そのような時代に遭遇した私たちは、滔々と押し寄せる規範的な言説の渦中に身を置きながら、自らの立ち位置を求めなければならない。現実には、自らが、またその属する集団が、マージナルな存在であり続けることに、無力感を覚える時も少なくはないと思う。しかし、そのような立ち位置こそが、既存の言説に両義性を認めて、その潜在力を見出させ、人間関係や社会構造変革へのエネルギーの獲得に導くことを可能にするとしたら、私たちは希望を与えられる。そのためには、常に飽くことのない批判的な振り返り、自省的な努力が求められることも忘れてはならないだろう。本書で展開した考察は、そのための試論のひとつである。今後の検討と試行錯誤がますます活発になることを願ってやまない。

注

1　中央教育審議会（2008）「学士課程教育の構築に向けて（答申）」

2　小坂井敏晶（2002：168～174）は、その要因を3点から分析している。

3　後で見るように、政策担当者、あるいは国民国家という枠組は揺るがさないという範囲内で多文化主義を推進する者にとっては、このような捉え方は当然のこととも言える。冒頭で述べたが、こうした点においても、誰がどの立場から発する見解であるかということへの留意は重要であろう。

4　最近の論考の中には、リベラリズムと多文化主義のあいだにおける論争において、リベラルが支持する反差別要求と多文化主義者が支持する文化保護政策は、かならずしも矛盾しないという観点から、リベラルな多文化主義の妥当性を探る試みもある（松元2007）。

5　フェミニズムからの批判については文献も多いが、例えば江原由美子編（2001）『フェミニズムとリベラリズム』勁草書房などを参照のこと。また、現代のいわゆるネオ・リベラリズムに関しては、ここでは扱っていない。

6　現代リベラリズムの代表的論者の一人でもあるグレイは、かつて「リベラリズムには、個人主義、平等主義、普遍主義、変革主義などの特質がそなわっている」としたが、近年の論考（Gray 2000=2006）では、その中の普遍主義的側面などへの懐疑が強く打ち出されている。このようにリベラリズムをどう捉えるかという議論も実に多様の度を加えている中にあって、本章では「個人主義」はいかなる立場のリベラリズムにも共有される価値観であると捉え、また、そこに多文化主義との関係を考察する上での重要な課題を見出そうとしたのである。

7　ここに、自由と平等の同時追求は不可能性を帯びているという、リベラリズムのもうひとつの課題が存在する。

8　バウマン（Bauman 2004=2007）は、アイデンティティを理論化する際には、取り消し不能性を連想させる「根」といった比喩に換えて、どのような寄港地にでも投げ入れることができる「錨」という比喩を使うことを提唱している。また、移動の可能性のあるグローバル・エリートとローカルな場を逃れられない人々の対照性やアイデンティティの両義性にも注意を促している。

9　小西（2006）は、ノスタルジーを本質主義の残滓とのみ捉える見方に疑義を提出し、戦略的本質主義とノスタルジーとの関係を再考しようと試みている。

10　多文化主義と普遍性に関する議論の紹介は、馬渕（2002）を参照。

11　もっとも、マージナルな立場の者が、そのマージナル性を本質的なものとしていわば神格化してしまうことによって生じる危険性も存在する。同時に、そうした行為を、個々の文脈を離れて理念的立場からのみ否定する危うさにも留意が必要である。

あとがき

本書で述べた論考の多くは、この数年間にまとめたものである。振り返ると、今世紀の初頭にはかの同時多発テロ事件が起こり、以降、多くの先進各国が移民政策において保守化を強める政権のもとに歩んできた。本書の文脈で言えば、前世紀の終わりにかけて浸透しつつあった、他の民族や文化の受け入れに対する「寛容」の流れが逆転し、国内の統合性重視に傾斜して、時に他民族・多文化排除の気運やそれに関連する出来事が目立つようになってきた。

その流れは、いくつかの国で保守政権からリベラルな政権へのシフトが起こった現在も、大きな枠組では変化していないように思われる。変化の動態についてはさらに丁寧な分析を要するが、アメリカ合衆国のみならず本書で扱ったオーストラリアや日本においても、前世紀に見られたような、国内人口に占める他民族の大幅な増加と、移民の受け入れを促進する政策のような動きが見られるとは考え難い。極端な愛国主義を煽る一部の人たちは別にしても、前世紀終盤とは逆の傾向、すなわち他民族の受け入れや多文化社会への共感の度合いが消極化していることは否定できない。行き過ぎたことへの是正ともいえる姿勢が見られるのである。

そうした流れに対して、本書ではかなり批判的に論述を繰り返してきた。その批判は、保守層からの揺り戻しに対してというより、従来の個人主義に立脚したリベラルな寛容性に支えられる多文化主義、異文化理解主義に対して向けられてきたと言ってもよい。その背景には、例えばリベラルな多文化主義も社会の統合を最優先する保守主義の見解も、集団としてのマイノリティへの態度という点では大差ないのではないか、つまり同根ではないのかという筆者の問題意識が存在している。そして、それを根本で支える理念的枠組こそ「文化本質主義」であるというのが、本書における主張のひとつとなっているのである。

しかし、最近になって、筆者はそのような観点からのみこの問題を扱うことに、留意の必要を感じるようになってきた。背景には、筆者が滞在を繰り返してきたオーストラリアで、「多文化」という言葉が使われなくなってきたことがある。11年余にわたる保守政権に代わったラッド労働党政権は、国内先住民に対する謝罪など、従来とは異なる姿勢を次々と打ち出しているが、移民政策においては、これまでの多文化主義への見直し論に配慮するかのように、「マルチカルチュラル（=多文化）」という言葉の使用には極めて慎重である。

もうひとつは、日本国内での「多文化共生」への対応である。これまでの論法に従えば、行政や経済界による「多文化共生」は、多文化の「共生」というより「管理」の言い換えであり、極論すれば「まやかし」のように捉えられてきた、この問題に言及する姿勢である。そのようなマジョリティへの批判的姿勢が、こうした問題への対応として適切なのか（何が、誰にとって適切かという問いは重要であるが）を十分に検討する必要があると考えるのである。その際、「正当性」や「公共性」の理念を振りかざして、議論を性急にゆり戻すような対応ではなく、他民族・多文化へどのように向き合ってきたかという他国の事例を、謙虚に、かつ丁寧に再検討する必要があるだろう。リベラリズムに関する議論もまさに錯綜の度を加え、一種の膠着状態に向かいつつあるように思われる。多文化主義に関しても、本書で述べたように、国や地域、また立場によって、どのような多文化主義を想定して議論がなされているか、一層の注意が求められている。

さらに一点、付け加えておきたい。これまで、現状を固定化する元凶のように扱われてきた「ノスタルジー」も、すべて否定されなければならないのだろうか。そこまで掘り下げて議論を進める必要を感じるのである。当たり前のことながら、誰にとっても大切にしたいものはあり、その対象に優劣をつける作業はまことに難しい。さらに、かつてリベラリズムの巨匠ロールズが行なったように、マジョリティとマイノリティの双方が希求するものをいかに分配するかについて、原理的に規定しようと試みることにも躊躇が伴う。

「躊躇」という言葉を用いたが、筆者はこうした「躊躇を伴う」見解や行動が、本書で扱ってきた問題にアプローチする際のひとつのキーになると考えている。ある考えを表明する際、必ずしも「こうだ」と言い切らないで、その考えのみでは解決できない点、さらに、どのような考えにも内蔵されるアンビバレンス（両義性）への自省の姿勢を伴うことが、これからは重要ではないかと思うのである。丁寧に考えることよりも、白黒のはっきりした単純な説明が人気を集める昨今の風潮を見ると、その感をより強くする。

本書はこの数年間、学内外の業務が年々膨らみ、家族が変動する中で書き連ねたものである。父が逝き、母が入退院を繰り返す日々でもあった。また、いわゆる日本国内への逆単身赴任のような生活にあって曲がりなりにも思索を続けられたのは、多くの人の支えがあったからこそと心底から思う。多忙を極める業務の中で支えてくれた職場の同僚には、感謝の気持ちで一杯である。また、示唆に富んだ忌憚のないコメントを折に触れて与えてくれる研究仲間や、授業やゼミで展開する筆者の整理途上の考えに真剣に応えてくれた学生や卒業生の一人ひとりに、心から感謝している。

出版に際しては、東信堂の下田氏にひとかたならぬお世話になった。記して深く謝意を表わしたい。

これらの人たちの支えがなければ、本書が出されることは考えられなかった。改めて感謝を申し上げるとともに、さらに問題への取り組みを続ける決意を新たにして、本書を閉じたいと思う。

二〇一〇年五月

馬渕　仁

初出一覧

第1章　「多文化主義・多文化教育再考」（『異文化間教育』23号、二〇〇六年）

第2章　「多文化主義・多文化教育へのまなざし」（『オセアニア教育研究』11号、二〇〇五年）

第3章　「多文化教育の行方」（『オーストラリア研究』18号、二〇〇六年）

第4章　「英語教育にみられる文化の捉え方」（『大阪女学院大学紀要』4号、二〇〇八年）

第5章　"The Problem of Japanology", (*Culture and Communication*, edited by Kenji Kitao, Kyoto: Yamaguchi Shoten, 1995) をもとに改訂

第6章　『「異文化理解」のディスコース』（京都大学学術出版会、二〇〇一年）の終章に加筆

第7章　「『文化本質主義』脱却への試み」（『インターカルチュラル』4号、二〇〇六年）

第8章　「『異文化間教育』の捉え直し」（『異文化間教育』24号、二〇〇六年）

第9章　「文化の捉え方」（『異文化間教育に関する横断的研究―共通のパラダイムを求めて―』平成16年度～平成18年度科学研究費補助金基盤研究B（1）研究代表者　小島勝　研究成果報告書、二〇〇八年）

in Vasta, Ellie and Castles, Stephen (eds.), *The Teeth Are Smiling – The Persistence of Racism in Multicultural Australia,* St. Leonards, NSW: Allen & Unwin Pty Ltd.,pp.46–72.

Villennas, Sofia（1996）"The Colonizer/Colonized Chicana Ethnographer: Identity, Marginalization, and Co-optation in the Field", *Harvard Educational Review,* 66, 4, pp.711-713.

Vogel, Ezra F. (1979) *Japan as Number* 1, Massachusetts: Harvard University Press =広中和歌子・木本彰子（訳）(1979)『ジャパン・アズ・ナンバーワン』TBSブリタニカ

Wallerstein, Immanuel（1995）*After Liberalism,* New York: New York Press ＝松岡利道（訳）(1997)『アフター・リベラリズム』、藤原書店

Walzer, Michael（1992）*What It Means to Be an American,* New York: Marsilio.

Walzer, Michael.（1997）*On Toleration,* New Haven: Yale University Press. ＝大山正彦（訳）(2003)『寛容について』 みすず書房

Whiting, Robert (1983) *Chrysanthemum and the Bat: Baseball Samurai Style,* New York: Avon Books = 松井みどり（訳）(1991)『菊とバット』文藝春秋社

Williams, Raymond（1983）*Keywords: A Vocabulary of Culture and Society,* Revised Version, London: Harper Collins. 椎名美智・武田ちあき・越智博美（訳）(2002)『完訳キーワード辞典』 平凡社

Semprini, Andrea（1997）*Le Multiculturalisme,* Coll.《Que sais-je?》n3236, P.U.F. ＝三浦信孝、長谷川秀樹（訳）(2003)『多文化主義とは何か』白水社

Sivanandan, Ambalavaner（1993）"Challenging Racism: Strategies for the '80s" in *Race and Class,* 25 (2).

Sleeter, Chiristine and Montecinos, Carmen（1999）"Forging Partnerships for Multicultural Teacher Education" in Stephen May (ed.), *Critical Multiculturalism – Rethinking Multicultural and Antiracist Education,* London: Falmer Press, pp.113–137.

Smyth, John and Shacklock, Geoffrey（1998）"Behind the 'Cleaning' of Socially Critical Research Accounts" in J. Smyth & G. Shacklock (eds.), *Being Reflexive in Critical Education and Social Research,* London: Falmer Press, pp.1-12.

Spivak, Gayatri Chakravorty（1988）"Can the Subaltern Speak" in C. Nelson and L. Crossberg (eds.), *Marxism and the Interpresentation of Culture,* Urbana: University of Illinois Press. pp.271-313. = 上村忠男（訳）(1998)『サバルタンは語ることができるか』みすず書房

Stratton, Jon (1998) *Race Daze,* Smithfield, NSW: Alken Press Pty. Ltd.

Taylor, C.（1992）*Multiculturalism: Examining the Policies of Recognition.* Princeton: Princeton University Press.　佐々木毅・辻康夫・向山恭一（訳）(1996)『マルチカルチュラリズム―承認をめぐる政治を検証する』 岩波書店

Todd, Emmanuel（1994）*Le Destin des Immigres,* Paris: Editions du Seuil = 石崎晴己（訳）(1999)『移民の運命』藤原書店

Trompenaars, Fons & Hampden-Turner, Charles (1998) *Riding the Waves of Culture: Understanding Diversity in Global Business,* New York: McGraw Hill = 須貝栄（訳）(2001)『異文化の波―グローバル社会：多様性の理解』白桃社

Vasta, Ellie（1996）"Dialectics of Domination: Racism and Multiculturalism"

仕（監訳）(1998)『多文化時代の市民権―マイノリティの権利と自由主義』 晃洋書房

May, Stephen（1999）*Critical Multiculturalism – Rethinking Multicultural and Antiracist Education,* London: Falmer Press.

McLaren, Peter & Torres, Rodolfo（1999）“Racism and Multicultural Education: Rethinking ‘Race’ and ‘Whiteness’ in Late Capitalism” in Stephen, May. (ed.), *Critical Multiculturalism – Rethinking Multicultural and Antiracist Education, L*ondon: Falmer Press.

National Multicultural Advisory Council (1999a) *Australian Multiculturalism for a New Century: Towards Inclusiveness,* Canberra: National Multicultural Advisory Council.

National Multicultural Advisory Council (1999b) *New Agenda for a Multicultural Australia,* Canberra: National Multicultural Advisory Council.

Nieto, Sonia (2004*) Affirming Diversity – The Sociopolitical Context of Multicultural Education,* Allyn & Bacon = 太田晴雄監（訳）(2009)『アメリカ多文化教育の理論と実践　多様性の肯定へ』 明石書店

Pickering, Michael（2001）*Stereotyping – The Politics of Representation,* New York: Palgrave.

Ravitch, Diane（1990）“Multiculturalism: E Pluribus”, *The American Scholars,* 59, 3: 337–354. =「多文化主義―多からなる多」(1997) 多文化社会研究会（編訳）『多文化主義―アメリカ・カナダ・オーストラリア・イギリスの場合』 木鐸社

Reischauer, Edwin O. (1977) *The Japanese Today,* Massachusetts: Belknap Press. = 國弘正雄（訳）(1979)『ザ・ジャパニーズ』文藝春秋社

Ruby, Jay（1980）“Exposing Yourself: Reflexivity, Anthropology, and Film”, *Semiotica,* 30, 1-2: pp.153-179.

Schlesinger, Arther M.（1991）*The Disuniting of America,* New York: Norton. = 都留重人（監訳）(1992)『アメリカの分裂』 岩波書店

Hage, Gasan（1998）White Nation, Annandale, NSW: Pluto Press. = 保苅実・塩原良和（訳）(2003)『ホワイト・ネイション』平凡社

Hall, Edward (1976) *Beyond Culture,* New York: Anchor Books = 岩田慶治・谷泰（訳）(1979)『文化を超えて』TBSブリタニカ

Hall, Stuart（1996）"New Ethnicities" in James Donald & Ali Rattansi (eds.) *'Race', Culture and Difference,* London: Sage, pp.252-259.

Hanson, Pauline（1997）*The Truth,* Ipswich, Queensland: Pauline Hanson's One Nation Party.

Hollinsworth, David（1998）*Race and Racism in Australia,* Riverwood, NSW: Ligara Pty Ltd.

Holstein, James A. and Gubrium, Jaber F.（1995）*The Active Interview,* London: Sage Publications, Inc. = 山田・兼子・倉石・矢原（訳）(2004)『アクティヴ・インタビュー』せりか書房

Huntington, Samuel (2004) *Who Are We? : The Challenges to America's National Identity,* New York: Simon & Schuster = 鈴木主税（訳）(2004)『分断されるアメリカ―ナショナル・アイデンティティの危機』集英社

Jayasuriya, Liksiri（1999）*Racism, Immigration and the Law: The Australian Experience,* Nedlands, WA: The University of Western Australia.

Kalantzis, Mary & Cope, Bill（1999）"Multicultural Education: Transforming the Mainstream" in Ellie Vasta and Stephen Castles (eds.), *The Teeth Are Smiling – The Persistence of Racism in Multicultural Australia,* St. Leonards, NSW: Allen & Unwin Pty Ltd. pp.245-276.

Kroeber, A. L. & Kluckholn, C.（1952）Culture – Critical Review of Concepts and Definitions, *Papers of Peabody Museum of American Archaeology and Ethnology,* Harvard University Vol.47, No.1, Cambridge Mass: Harvard University.

Kymlicka, Will（1995）*Multicultural Citizenship–A Liberal Theory of Minority Rights,* Oxford: Oxford University Press. = 角田猛之・石山文彦・山崎康

Eagleton, Terry（2000）*The Idea of Culture.* Oxford: Blackwell. ＝ 大橋良一（訳）（2006）『文化とは何か』 松柏社

Ethnic Affairs Commission of New South Wales (1993) *NSW Charter of Principles for Culturally Diverse Society,* Sydney: Ethnic Affairs Commission of New South Wales.

Featherstone, Mike (1991) *Consumer Culture and Postmodernism,* London: Sage

Flick, Uwe (1995) *Qualitative Forschung,* Hamburg: Rowohlt Taschenbuch Verlag GmbH = 小田博史他（訳）(2002)『質的研究入門』春秋社

Gelner, Ernest（1983）*Nations and Nationalism,* London: Basil Blackwell. = 加藤節（監訳）（2000）『民族とナショナリズム』岩波書店

Glazer, Nathan（1976）"The Emergence of an American Ethnic Pattern", in *Affirmative Discrimination: Ethnic Inequality and Public Policy.* New York: Basic Books.

Gordon, Milton M（1975）"Toward a General Theory of Racial and Ethnic Group Relations" in Glazer and Moynihan (eds.), *Ethnicity: Theory and Experience,* Cambridge Mass: Harvard University Press, pp.84-110 = 内山秀夫（訳）（1984）『民族とアイデンティティ』三嶺書房 115 ～ 148頁

Gordon, Milton M.（1981）"Model of Pluralism" in *The Annals of the American Academy of Political and Social Science 454.*

Grasby, Al（1984）*The Tyranny of Prejudice,* Melbourne: Australian Education Press. = 藤森黎子（訳）（2002）『寛容のレシピ―オーストラリア風多文化主義を召し上がれ』NTT出版

Gray, John（2000）Two Faces of Liberalism. New York: New Press. = 松野弘（監訳）（2006）『自由主義の二つの顔』 ミネルヴァ書房

Guba, Egon and Lincoln, Yvonna (1998) "Competing Paradigms in Qualitative Research" in Norman, Denzin and Yvonna, Lincoln (eds.), *The Landscape of Qualitative Research : Theories and Issues,* London: Thousand Oaks: Sage, pp.195-220.

of Racism, in Multicultural Australia, St. Leonards, NSW: Allen & Unwin Pty Ltd.

Christopher, Robert C. (1983) *The Japanese Mind: The Goliath Explained,* New York: Ballantine Books = 徳山二郎（訳）(1983)『ジャパニーズ・マインド』講談社

Committee to Advise on Australia's Immigration Policies (1988) *Immigration: A Commitment to Australia,* Canberra: Australian Government Publication Service.

Commonwealth of Australia (1978) *Report of Post-Arrival Programs and Service for Migrants*

Crystal, David（1997）*The Cambridge Encyclopedia of Language,* Cambridge: Cambridge University Press.

Dawkins, John (1991) *Australia's Language: The Australian Language and Literacy Policy,* Canberra: Department of Employment, Education and Training.

Department of Education MALOTE and ESL (1997) *Multicultural Policy for Victorian Schools,* Melbourne: Department of Education MALOTE and ESL.

Department of Education, Training and Youth Affairs (1998) *Literacy for All: The Challenge for Australian Schools, Commonwealth Literacy Policies for Australian Schools,* Retrieved December 25, 2008 from http://www.dest.gov.au.

Department of Employment, Education, and Training (1991) *Australia's Language: Australian Language and Literacy Policy:* Australian Government Publishing Services.

Department of Immigration and Multicultural Affairs (2001) *Racism No Way – A Guide for Australian Schools,* Canberra: Department of Immigration and Multicultural Affairs.

Department of the Prime Minister and Cabinet (1989) *National Agenda for a Multicultural Australia,* Canberra: Department of the Prime Minister and Cabinet.

〈欧文参考文献〉

Australian Capital Territory Department of Education & Training (1997) *Australian Education Curriculum Support Paper,* Canberra: Australian Capital Territory Department of Education & Training.

Balibar, Ētienne (1994) "Subjection and Subjectivation" in Joan Copjec (ed.), *Supposing the subjects,* London: Verso Books = 松葉祥一・大森秀臣（訳）(1998)「主体化と臣民化」『現代思想』26（12）青土社

Barker, Chris (2000) Cultural Studies – *Theory and Practice,* Thousand Oaks: Sage Publications.

Bauman, Zygmunt（2004）*Identity: Conversation with Benedet toVecchi.* Cambridge: Polity Press. = 伊藤茂（訳）(2007)『アイデンティティ』日本経済評論社

Benedict Ruth（1946）*The Chrysanthemum and the Sword: Patterns of Japanese Culture,* Orlando: Houghton Mifflin = 長谷川松治（訳）(1948)『菊と刀―日本文化の型』社会思想社

Bianco, Lo Joseph (1987) *National Policy on Languages,* Canberra: Commonwealth Department of Education.

Burr, Vivien (1995) *An Introduction to Social Constructionism,* London Routledge. = 田中一彦（訳） (1997)『社会的構築主義への招待―言説分析とは何か』川島書店

Butler, Judith, Laclau, Ernest, & Zizek, Slavoj（2000）*Contingency, Hegemony, Universality: Contemporary Dialogue on the Left.* London and New York: Verso. = 竹村和子・村山敏勝（訳）(2002)『偶発性・ヘゲモニー・普遍性』 青土社

Cahill, Desmond (2001) "The Rise and Fall of Multicultural Education in the Australian Schooling System" in Carl A. Grant & Joy L. Lei (eds.), *Multicultural Education in International Perspective,* N. J.: Lawrence Erlbaum.

Castles, Stephen & Vasta, Ellie（1999）*The Teeth Are Smiling – The Persistence*

塩原良和（2001）「公的ナショナリズムとしてのマルチカルチュラリズム－現代オーストラリアにおける国民統合言説の再構築」『オーストラリア研究』13号　オーストラリア学会
塩原良和（2002）「多文化主義批判の盲点－豪NSW州における『EAC改名論争』を事例に」『オーストラリア研究』14号　オーストラリア学会
塩原良和（2003）「エッセンシャルな『記憶』／ハイブリッドな『帰国』－キャンベラの日本人エスニック・スクールを事例に」『オーストラリア研究』15号　オーストラリア学会
塩原良和（2005）『ネオ・リベラリズムの時代の多文化主義－オーストラリア・マルチカルチュラリズムの変容』三元社
末永國明ほか編著（2007）『OPEN DOOR to Oral communication II』文英堂
杉本良夫、マオア・ロス（1995）『日本人論の方程式』　筑摩書房
多文化社会米国理解教育研究会編（代表：森茂岳雄）（2005）『多文化社会アメリカを授業する―構築主義的授業づくりの試み―』　多文化社会米国理解教育研究会
戴エイカ（2005）「『多文化共生』と『日本人』―『文化』と『共生』の再検証」『異文化間教育』22号　アカデミア出版会
樽本英樹（2009）『よくわかる国際社会学』　ミネルバ書房
上野千鶴子編著（2005）『脱アイデンティティ』　勁草書房
山ノ内裕子（2006）「日系人研究における『差異化』と『他者性』―ブラジル日系社会でのフィールドワークの経験から」『異文化間教育』24号　アカデミア出版会
米山リサ（2003）『暴力・戦争・リドレス　多文化主義のポリティックス』岩波書店
吉野耕作（1997）『文化ナショナリズムの社会学』　名古屋大学出版会
吉崎祥司（1998）『リベラリズム―〈個の自由〉の岐路』　青木書店

萩野治雄ほか編著（2007）『PRO-VISION　ENGLISH WRITING』桐原書店
オセアニア教育学会（1994～2009）『オセアニア教育研究』 創刊号～第15号　オセアニア教育学会
オーストラリア学会（1990～2009）『オーストラリア研究』 1号～22号　オーストラリア学会
労務行政研究所（2008）「特集2008年海外駐在員の処遇」『労政時報』第3738号　労務行政研究所
坂本佳鶴恵（2006）『アイデンティティの権力』 新曜社
盛山和夫（2006）『リベラリズムとは何か―ロールズと正義の論理』勁草書房
関根政美（1989）『マルチカルチュラル・オーストラリア』成文堂
関根政美（2000）『多文化社会の到来』 朝日新聞社
千田有紀（2001）「構築主義の系譜学」上野千鶴子編著『構築主義とは何か』 勁草書房
千田有紀（2005）「アイデンティティとポジショナリティ―1990年代の『女』の問題の複合性をめぐって」 上野千鶴子（編著）『脱アイデンティティ』勁草書房
渋谷真樹（2001）『「帰国子女」の位置取りの政治』勁草書房
渋谷真樹（2006）「『日本人』であることをめぐる位置取りの政治―異文化間教育調査の相互行為分析」『異文化間教育』24号　アカデミア出版会
嶋津拓（1999）「1990年代前半のオーストラリアの新聞紙上に見られる『日本語学習不要論』について」『オーストラリア研究』11号　オーストラリア学会
霜崎實ほか編著（2007a）『Crown English Series Ⅰ』三省堂
霜崎實ほか編著（2007b）『Crown English Series Ⅱ』三省堂
霜崎實ほか編著（2007c）『Crown English Reading』三省堂

文部科学省（2004a）『文部科学白書』 独立行政法人国立印刷局
文部科学省（2004b）『中学校学習指導要領（平成10年12月）解説―外国語編―』東京書籍
文部科学省（2006a）『高等学校学習指導要領解説　外国語編、英語編』開隆堂出版株式会社
文部科学省（2006b）『英語教科書の採択基準試案』Retrieved January 10, 2008 from http://www.nicer.go.jp/guideline/old/s26jhl1/app-3.htm
文部科学省（2008）『学士課程の構築に向けて（審議のまとめ）』 中央教育審議会大学分科会
文部省（1988）『昭和六三年度　我が国の文教施策』大蔵省印刷局
永井滋郎（1988）「国際理解教育の諸概念の再検討―異文化間教育との関連において」『異文化間教育』2号　アカデミア出版会
中島智子（2005）「異文化間教育研究と『日本人性』」『異文化間教育』22号　アカデミア出版会
中西直和（1993）「オーストラリアにおける移民労働者の人的開発の現状と課題　文化人類学的視点を交えて」『オーストラリア研究』4号　オーストラリア学会
日本比較教育学会（1999～2009）『比較教育学研究』第25号～第39号　東信堂
日本国際文化学会（2004）「シンポジウム　グローバリゼーションと文化」『インターカルチュラル』2号　アカデミア出版会
西原明史（1996）「異文化理解教育と文化人類学―特に異文化を語るということの『政治性』をめぐって」『異文化間教育』10号　アカデミア出版会
西川長夫（1995）『地球時代の民族＝文化理論―脱「国民文化」のために』 新曜社
西川長夫（2006）『〈新〉植民地主義論―グローバル化時代の植民地主義を問う』平凡社

小坂井敏晶（2002）『民族という虚構』 東京大学出版会

倉地暁美（1998）『多文化共生の教育』 勁草書房

倉石一郎（2005）「脱構築から他者の語り直しへ—『日本人性』の問いが異文化間教育・研究にもたらすもの」『異文化間教育』22号　アカデミア出版会

李御寧（1982）『「縮み」志向の日本人』 学生社

馬渕仁（2002）『「異文化理解」のディスコース』 京都大学学術出版会

馬渕仁（2006a）「多文化教育の行方 —ビクトリア州を中心として—」『オーストラリア研究』18号　オーストラリア学会

馬渕仁（2006b）「多文化主義・多文化教育の再考—オーストラリアの事例を中心にして」『異文化間教育』26号　アカデミア出版会

馬渕仁（2006c）「『異文化間教育研究』の捉え直し—語り直しがもたらすもの」『異文化間教育』24号　アカデミア出版会

増田あゆみ（1998）「オーストラリア州政府にみる多文化主義政策　ニュー・サウス・ウエールズ州『多文化憲章』の考察」『オーストラリア研究』11号　オーストラリア学会

松田陽子（1994）「オーストラリアの言語政策における多文化主義と言語教育問題」『オーストラリア研究』5号　オーストラリア学会

松元雅和（2007）『リベラルな多文化主義』 慶應義塾大学出版会

松尾知明（2004）「書評：『異文化理解』のディスコース」『異文化間教育』19号　アカデミア出版会

箕浦康子（1998）「異文化間教育の実践的展開—理論化にむけて」『異文化間教育』12号　アカデミア出版会

三浦信孝編著（2001）『普遍性か差異か』 藤原書店

文部科学省（2003a）『中学校学習指導要領』独立行政法人国立印刷局

文部科学省（2003b）『高等学校学習指導要領』独立行政法人国立印刷局

石田雅近ほか編著（2007）『Hello there! Oral Communication Ⅰ』東京書籍
石附実・笹森健編著（2001）『オーストラリア・ニュージーランドの教育』 東信堂
時事通信社（2007）「2007年度高校教科書採択状況―文科省まとめ」『内外教育』 第5705号　時事通信社
鎌田真弓（1995）「オーストラリアのアジア・太平洋国家化　アジア・太平洋観の転換とAsian Studies」『オーストラリア研究』6号　オーストラリア学会
鎌田真弓（2001）「多文化主義の新局面－先住民族との『和解』」『オーストラリア研究』13号　オーストラリア学会
神鳥直子（1994）「オーストラリアの私立学校における英語以外の言語教育　ビクトリア州の場合を中心に」『オーストラリア研究』6号　オーストラリア学会
加藤幸次（1998）「アメリカの多文化教育から学ぶ―多文化教育を基礎に学校改革を目指す」『異文化間教育』12号　アカデミア出版会
川端末人（1987）「異文化間教育の視座構造」『異文化間教育』1号　アカデミア出版会
川野辺創（2001）「イギリス―マイノリティの子どもをめぐる教育政策」天野正治・村田翼夫編著『多文化共生社会の教育』 玉川大学出版部
川嶋ホーン瑤子（2004）『大学教育とジェンダー』 東信堂
金侖貞（2007）『多文化共生とアイデンティティ』 明石書店
日本国際理解教育学会（1995～2009）『国際理解教育』第1号～第15号　日本国際理解教育学会
小西正雄（2006）「戦略的本質主義―人間学的考察」『異文化研究』 3　国際異文化学会
小坂井敏晶（1996）『異文化受容のパラドックス』 朝日新聞社

大学英語教科書協会（2006）『教科書検索』Retrieved January 10, 2008 from http://www.daieikyo.jp/index.html
江原武一編著（2000）『多文化教育の国際比較　－エスニシティへの教育の対応－』　玉川大学出版部
福本みちよ（1996）「オーストラリアの教科外教育に関する一考察」『オーストラリア研究』 7号　オーストラリア学会
ハインズ、ジョン・西光義弘注釈（1986）『Situation vs. Person Focus 日本語らしさと英語らしさ』くろしお出版
花崎皋平 (2002)『〈共生〉への触発』　みすず書房
ハタノ、リリアン、テルミ（2006）「在日ブラジル人を取り巻く『多文化共生』の諸問題」植田晃次・山下仁編著『「共生」の内実　批判的社会言語学からの問いかけ』三元社
樋口直人（2006）「分野別研究動向（移民・エスニシティ・ナショナリズム）―国際社会学の第2ラウンドにむけて」『社会学評論』57 (3) 日本社会学会
異文化間教育学会 (1987 ～ 2009)『異文化間教育』 1号～ 30号　アカデミア出版会
伊井義人・青木麻衣子 (2003)「多文化主義国家オーストラリアにおけるリテラシー教育－先住民・移民を視点として－」『教育学研究』 70(4)　日本教育学会
伊井義人（2005）『ベンチマークとバンドスケール－オーストラリア先住民のリテラシーを測る「二つの尺度」－』 日本比較社会学会第41回大会配布資料
飯笹佐代子（2005）「多文化国家オーストラリアのシティズンシップ教育－デモクラシーの発見プログラムの事例から」『オーストラリア研究』17号 オーストラリア学会
池田賢一（2001）『フランスの移民と学校教育』 明石書店
井上達夫（2006）『普遍の再生』 岩波書店

参考文献

凡例：文献はすべてABC順

〈日本語参考文献〉

赤川学（2006）『構築主義を再構築する』 勁草書房

天野正治・村田翼夫編著（2001）『多文化共生社会の教育』 玉川大学出版部

青木麻衣子（2003）「オーストラリアの言語政策－二つの国家政策の理念と目標」『オーストラリア研究』15号　オーストラリア学会

青木貞茂（2008）『文化の力—カルチュラル・マーケティングの方法』NTT出版

新井郁男（1995）「日本人の異文化接触とアイデンティティ」『異文化間教育』9号　アカデミア出版会

有川友子（2006）「留学生教育について語る—留学生として、教員として、研究者として」『異文化間教育』24号　アカデミア出版会

浅川晃広（2000）「オーストラリアにおける移民定住団体助成制度　多文化主義政策との関連で」『オーストラリア研究』12号　オーストラリア学会

ベフ、ハルミ（1987）『イデオロギーとしての日本文化論』 思想の科学社

中央教育審議会（1996）『二十一世紀を展望した我が国の教育の在り方について』中央教育審議会

中央教育審議会（2008）「学士課程教育の構築に向けて（答申）」Retrieved January 10, 2010 from http://www.mext.go.jp/b_menu/shingi/chukyo/chukyo0/toushin/1217067.htm

Crown編集委員会（2007）『Crown English Reading Teacher's Manual「解説と指導編」「題材資料編」「授業案集」』三省堂

索　引

〈ア行〉

〈カ行〉

〈サ行〉

著者紹介

馬渕　仁（まぶち　ひとし）

1955年生まれ。モナシュ大学大学院教育学部博士課程終了、Ph.D.（国際教育）。大学在学中にタイに留学。中学・高校の教員を勤めた後、渡豪し、ビクトリア州教育省のコーディネーターとして多文化教育に関わる。現在、大阪女学院大学副学長。

主な著書

『「異文化理解」のディスコース』(京都大学学術出版会)、『異文化間教育学の研究』(共著、ナカニシヤ出版)、*Language and Cultural Contact with Japan*（共著、Monash Asia Institute）など。

Critiquing "Multicultural" and "Intercultural"

クリティーク 多文化、異文化 ——文化の捉え方を超克する

2010年6月15日　初　版第1刷発行　〔検印省略〕

2015年4月30日　初　版第2刷発行　＊定価はカバーに表示してあります。

著者 © 馬渕　仁／発行者 下田勝司　印刷・製本／中央精版印刷

東京都文京区向丘1-20-6　郵便振替 00110-6-37828

〒113-0023　TEL (03)3818-5521　FAX (03)3818-5514

発行所 株式会社 東信堂

Published by **TOSHINDO PUBLISHING CO., LTD**

1-20-6, Mukougaoka, Bunkyo-ku, Tokyo, 113-0023, Japan

E-mail : tk203444@fsinet.or.jp　http://www.toshindo-pub.com

ISBN978-4-88713-995-4 C3037